ENFANTS QUANTUM

Cahier D'Activités
8-12 Ans | Tome. 1 | Fraction

ActivityCrusades

Publié par Speedy Publishing Canada Limited

ActivityCrusades
activity books

FRACTIONS

Écrivez la fraction de la partie ombrée.

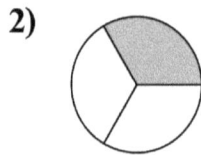

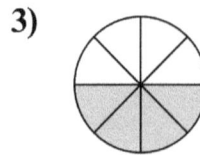

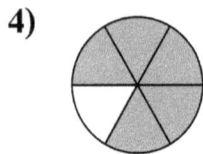

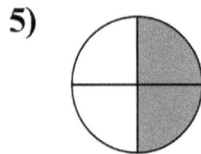

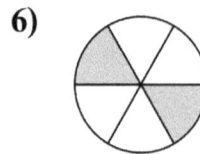

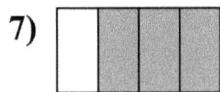

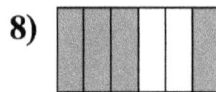

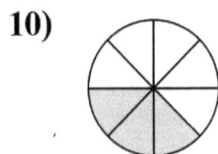

1)

2)

3)

4)

5)

6)

7)

8)

9)

10)

Ex. **2/8**

1. _____

2. _____

3. _____

4. _____

5. _____

6. _____

7. _____

8. _____

9. _____

10. _____

1)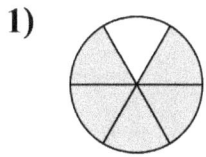

2)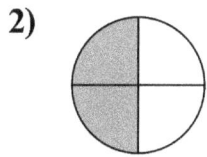

3)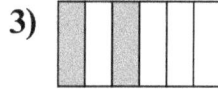

4)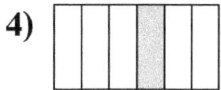

5)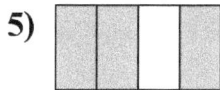

6)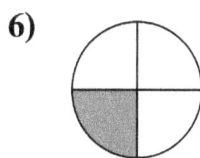

7)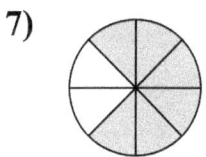

8)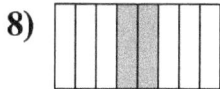

9)

10)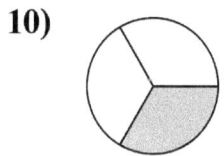

1. _____

2. _____

3. _____

4. _____

5. _____

6. _____

7. _____

8. _____

9. _____

10. _____

3

1)

2)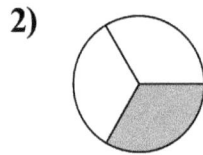

3)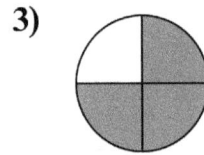

4)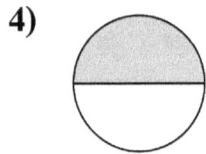

5)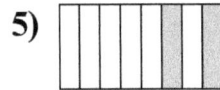

6)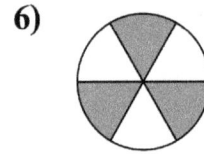

7)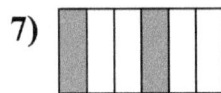

8)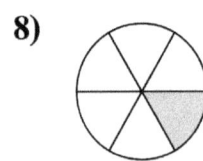

9)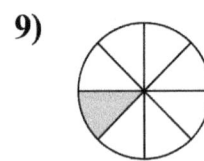

10)

1. _____

2. _____

3. _____

4. _____

5. _____

6. _____

7. _____

8. _____

9. _____

10. _____

1)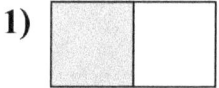

2)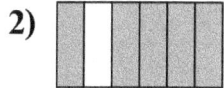

3)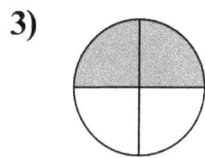

4)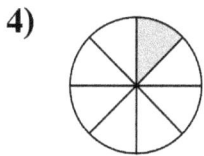

5)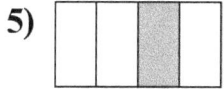

6)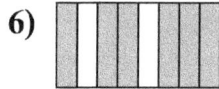

7)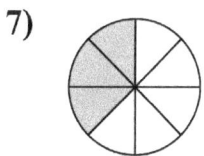

8)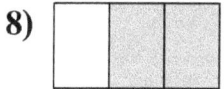

9)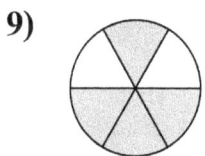

10)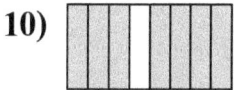

1. _____

2. _____

3. _____

4. _____

5. _____

6. _____

7. _____

8. _____

9. _____

10. _____

5

1)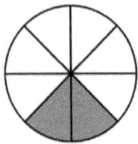

2)

3)

4)

5)

6)

7)

8)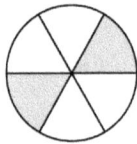

9)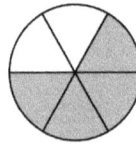

10)

1. _____

2. _____

3. _____

4. _____

5. _____

6. _____

7. _____

8. _____

9. _____

10. _____

1)

2)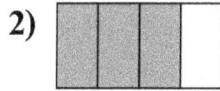

3)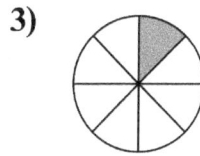

4)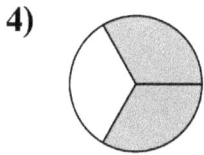

5)

6)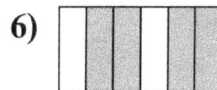

7)

8)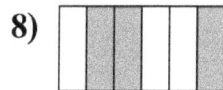

9)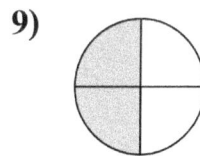

10)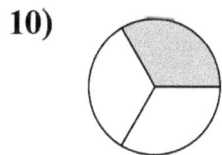

1. _____

2. _____

3. _____

4. _____

5. _____

6. _____

7. _____

8. _____

9. _____

10. _____

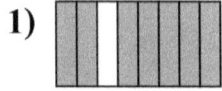

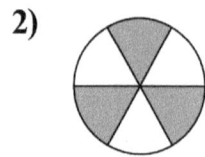

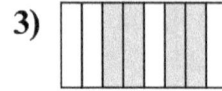

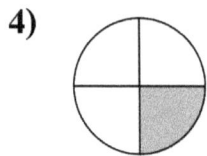

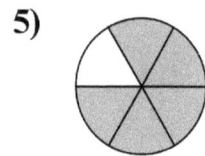

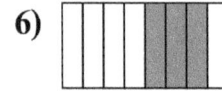

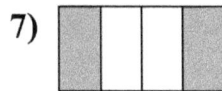

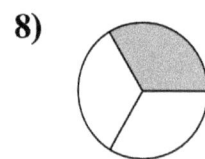

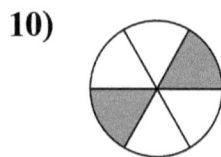

1) 2) 3)

4) 5) 6)

7) 8) 9)

10)

1. _____
2. _____
3. _____
4. _____
5. _____
6. _____
7. _____
8. _____
9. _____
10. _____

1)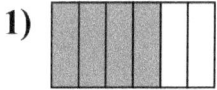

2)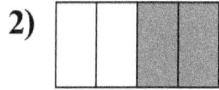

3)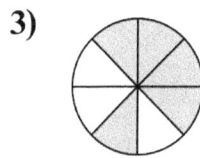

4)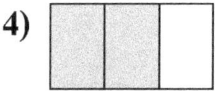

5)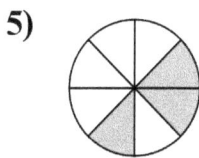

6)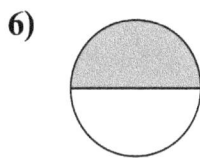

7)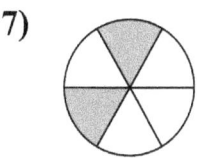

8)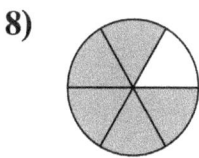

9)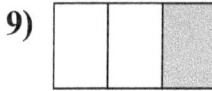

10)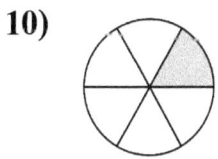

1. _____
2. _____
3. _____
4. _____
5. _____
6. _____
7. _____
8. _____
9. _____
10. _____

1)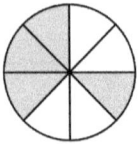

2)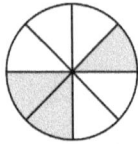

3)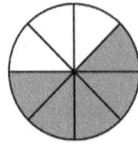

4)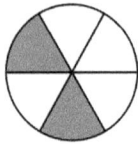

5)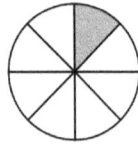

6)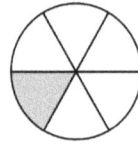

7)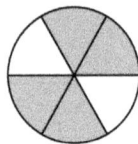

8)

9)

10)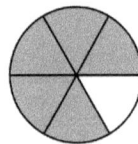

1. _____

2. _____

3. _____

4. _____

5. _____

6. _____

7. _____

8. _____

9. _____

10. _____

1)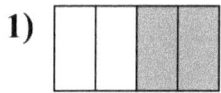

2)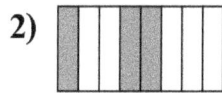

3)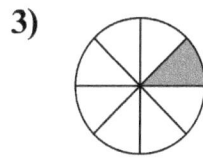

4)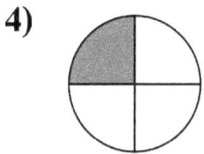

5)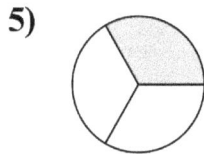

6)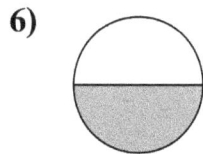

7)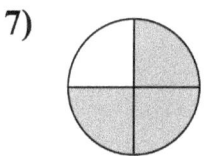

8)

9)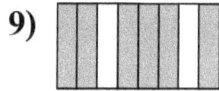

10)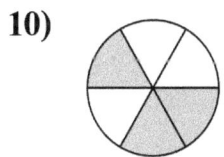

1. _____

2. _____

3. _____

4. _____

5. _____

6. _____

7. _____

8. _____

9. _____

10. _____

Déterminez quel (s) choix montre (nt) la forme partitionnée de façon à ce que chaque pièce ait une aire égale. Si aucun, écrivez "none"

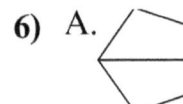

1) A. ⬭ B. ▦ C. ▯ D. ◺

2) A. ▷ B. △ C. ◻ D. ▥

3) A. ☆ B. ◁ C. ⬭ D. ▦

4) A. ◉ B. ⊛ C. △ D. ◁

5) A. ⬡ B. ⊛ C. ✦ D. ⬡

6) A. ⬠ B. ⬠ C. ◁ D. ⬢

7) A. ☆ B. ◯ C. ◁ D. ⬠

8) A. ⬡ B. ◯ C. ✦ D. ✦

Ex.

1. **A, B, D**

2. _____

3. _____

4. _____

5. _____

6. _____

7. _____

8. _____

1) A. 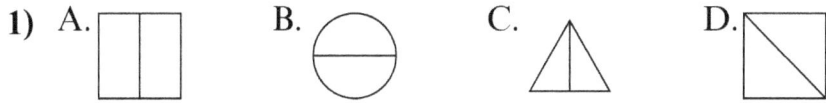 B. C. D.

2) A. 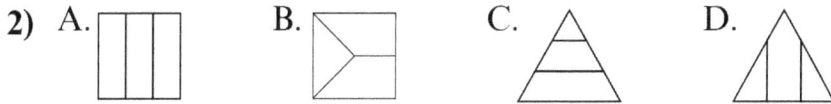 B. C. D.

3) A. 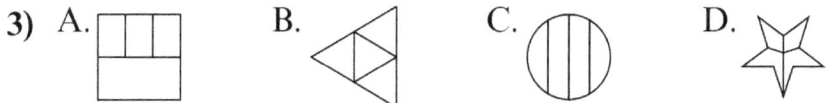 B. C. D.

4) A.  B. C. D.

5) A.  B. C. D.

6) A. 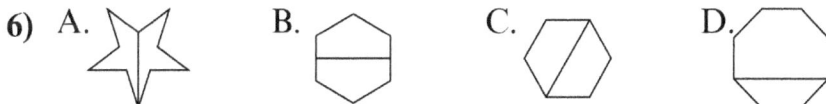 B. C. D.

7) A. 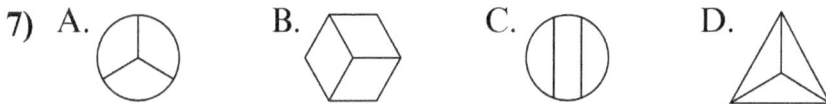 B. C. D.

8) A. 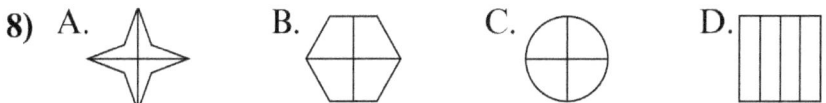 B. C. D.

1. _____

2. _____

3. _____

4. _____

5. _____

6. _____

7. _____

8. _____

1) A.  B. C. D.

2) A. 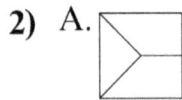 B. C. D.

3) A.  B. C. D.

4) A.  B. C. D.

5) A.  B. C. D.

6) A.  B. C. D.

7) A.  B. C. D.

8) A.  B. C. D.

1. _____

2. _____

3. _____

4. _____

5. _____

6. _____

7. _____

8. _____

1) A.   B.   C.   D.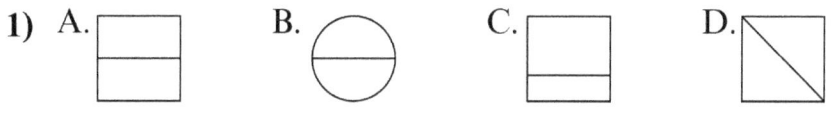

2) A.   B.   C.   D.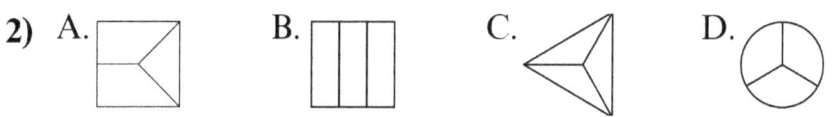

3) A.   B.   C.   D.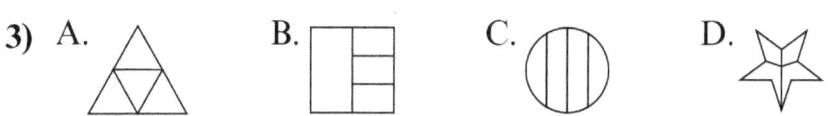

4) A.   B.   C.   D.

5) A.   B.   C.   D.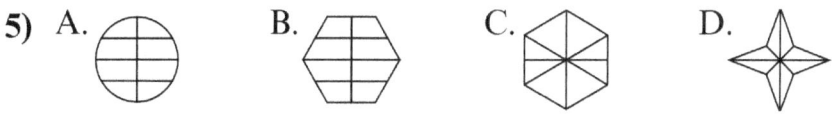

6) A.   B.   C.   D.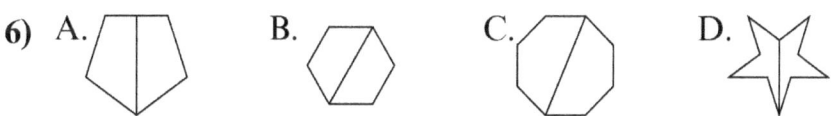

7) A.   B.   C.   D.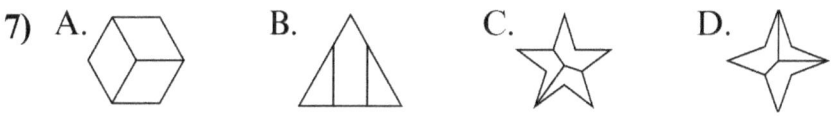

8) A.   B.   C.   D.

1. _____

2. _____

3. _____

4. _____

5. _____

6. _____

7. _____

8. _____

1)   A. 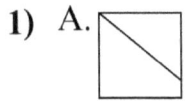   B.   C.   D.

2)   A. 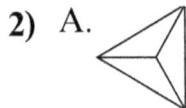   B.   C.   D.

3)   A. 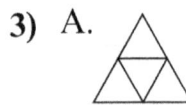   B.   C.   D.

4)   A. 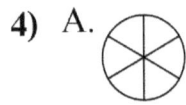   B.   C.   D.

5)   A. 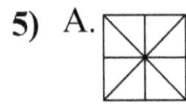   B.   C.   D.

6)   A.    B.   C.   D.

7)   A.    B.   C.   D.

8)   A.    B.   C.   D.

1. _____
2. _____
3. _____
4. _____
5. _____
6. _____
7. _____
8. _____

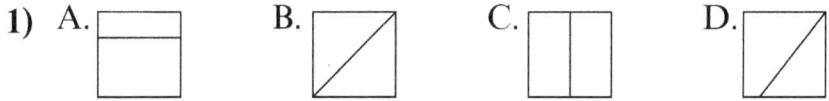

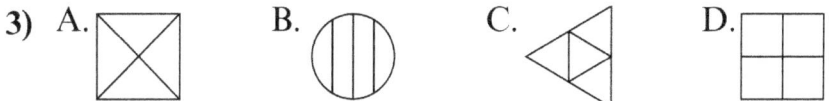

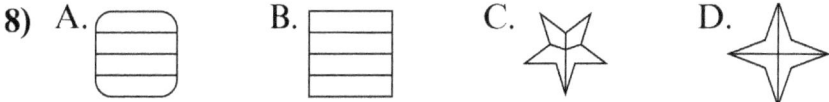

1) A.   B.   C.   D.

2) A.   B.   C.   D.

3) A.   B.   C.   D.

4) A.   B.   C.   D.

5) A.   B.   C.   D.

6) A.   B.   C.   D.

7) A.   B.   C.   D.

8) A.   B.   C.   D.

1. _____
2. _____
3. _____
4. _____
5. _____
6. _____
7. _____
8. _____

1) A. 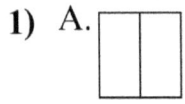 B. C. D.

2) A. 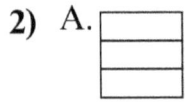 B. C. D.

3) A.  B. C. D.

4) A.  B. C. D.

5) A. 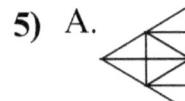 B. C. D.

6) A.  B. C. D.

7) A. 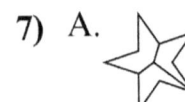 B. C. D.

8) A.  B. C. D.

1. _____

2. _____

3. _____

4. _____

5. _____

6. _____

7. _____

8. _____

1)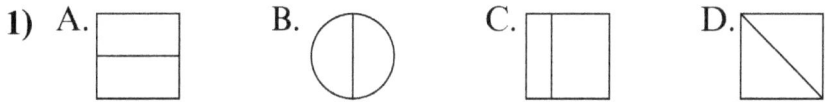

2)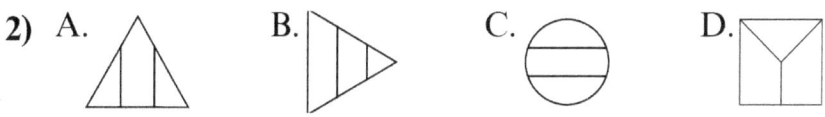

3)

4)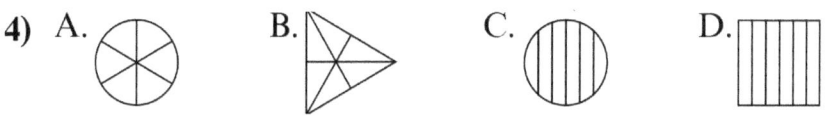

5)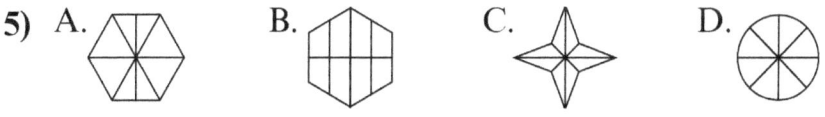

6)

7)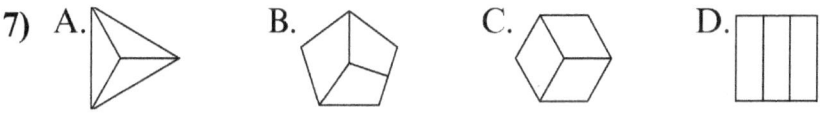

8)

1. _____

2. _____

3. _____

4. _____

5. _____

6. _____

7. _____

8. _____

1) A. 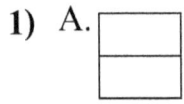 B. C. D.

2) A.  B. C. D.

3) A.  B. C. D.

4) A.  B. C. D.

5) A.  B. C. D.

6) A. 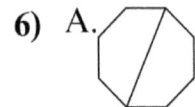 B. C. D.

7) A.  B. C. D.

8) A.  B. C. D.

1. _____
2. _____
3. _____
4. _____
5. _____
6. _____
7. _____
8. _____

1) A. 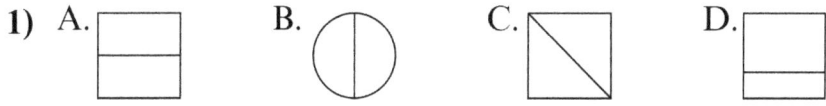 B. C. D.

1. _____

2. _____

2) A. B. C. D.

3. _____

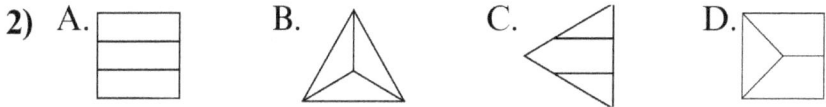

4. _____

3) A. B. C. D.

5. _____

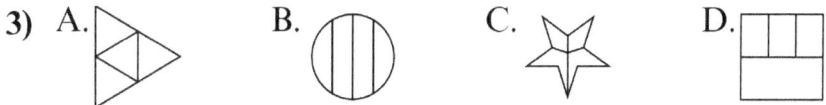

6. _____

4) A. B. C. D.

7. _____

8. _____

5) A. B. C. D.

6) A. B. C. D.

7) A. B. C. D.

8) A. B. C. D.

Ombre dans la fraction pour résoudre le problème.

Ex.

Ex. $\dfrac{3}{7} + \dfrac{2}{7} = \dfrac{5}{7}$

1)

1. ___ + ___ = ___

2)

2. ___ + ___ = ___

3)

3. ___ + ___ = ___

4)

4. ___ + ___ = ___

5)

5. ___ + ___ = ___

6)

6. ___ + ___ = ___

7)

7. ___ + ___ = ___

8)

8. ___ + ___ = ___

9)

9. ___ + ___ = ___

10)

10. ___ + ___ = ___

1)

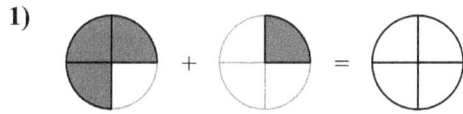

2)

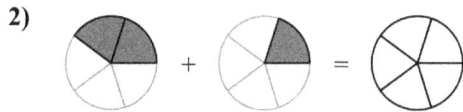

3)

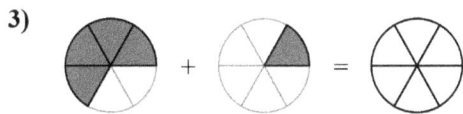

4)

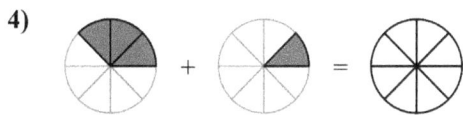

5)

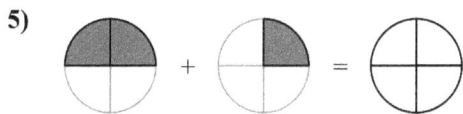

6)

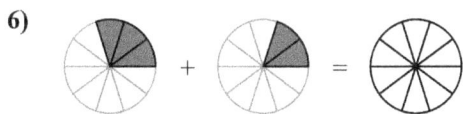

7)

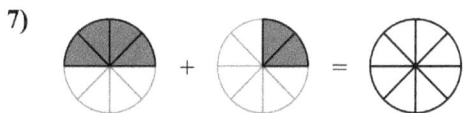

8)

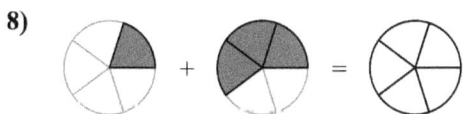

9)

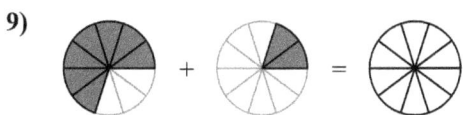

10)

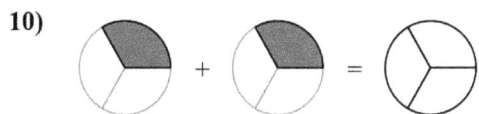

1. _____ + _____ = _____

2. _____ + _____ = _____

3. _____ + _____ = _____

4. _____ + _____ = _____

5. _____ + _____ = _____

6. _____ + _____ = _____

7. _____ + _____ = _____

8. _____ + _____ = _____

9. _____ + _____ = _____

10. _____ + _____ = _____

1)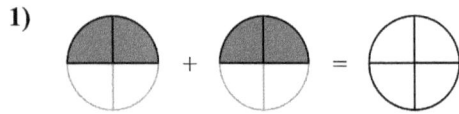

2)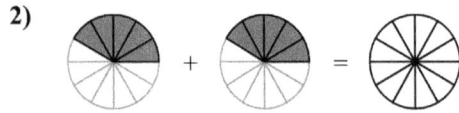

3)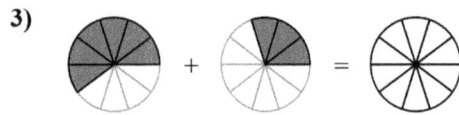

4)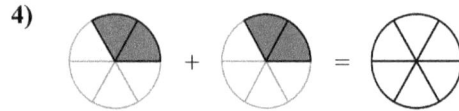

5)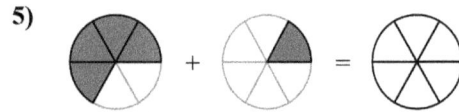

6)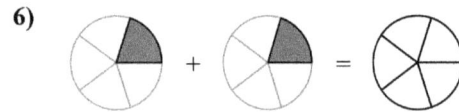

7)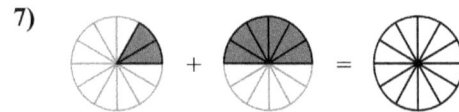

8)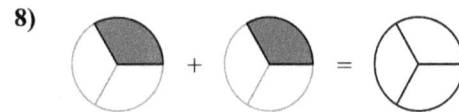

9)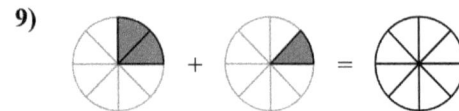

10)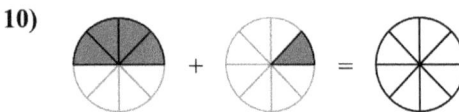

1. ___ + ___ = ___

2. ___ + ___ = ___

3. ___ + ___ = ___

4. ___ + ___ = ___

5. ___ + ___ = ___

6. ___ + ___ = ___

7. ___ + ___ = ___

8. ___ + ___ = ___

9. ___ + ___ = ___

10. ___ + ___ = ___

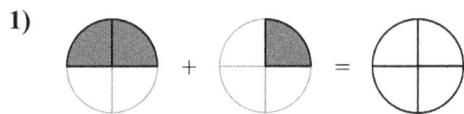

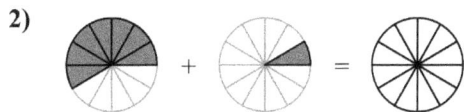

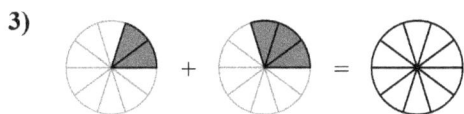

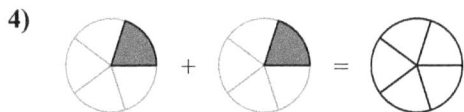

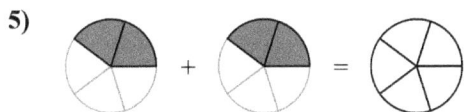

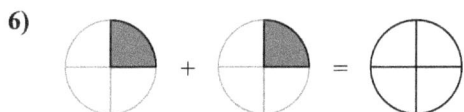

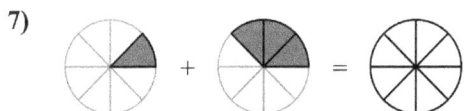

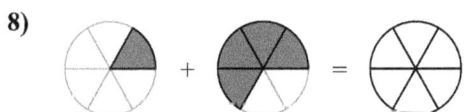

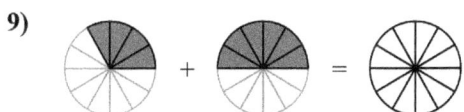

24

1) + =

2) + =

3) + =

4) + =

5) + =

6) + =

7) + =

8) + =

9) + =

10) + =

1. ___ + ___ = ___

2. ___ + ___ = ___

3. ___ + ___ = ___

4. ___ + ___ = ___

5. ___ + ___ = ___

6. ___ + ___ = ___

7. ___ + ___ = ___

8. ___ + ___ = ___

9. ___ + ___ = ___

10. ___ + ___ = ___

1)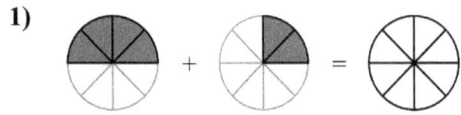

2)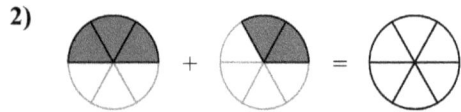

3)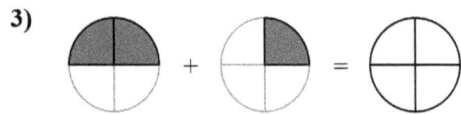

4)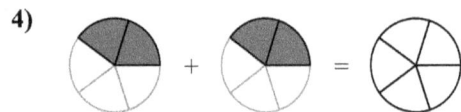

5)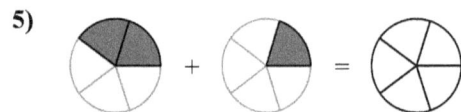

6)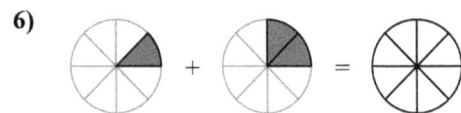

7)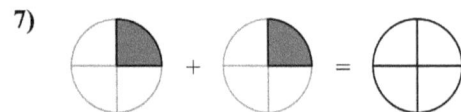

8)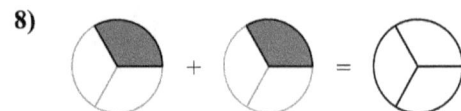

9)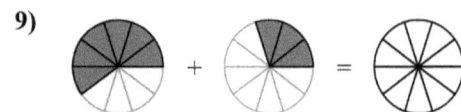

10)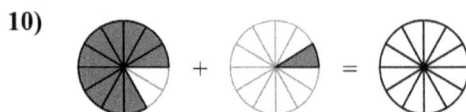

1. ___ + ___ = ___

2. ___ + ___ = ___

3. ___ + ___ = ___

4. ___ + ___ = ___

5. ___ + ___ = ___

6. ___ + ___ = ___

7. ___ + ___ = ___

8. ___ + ___ = ___

9. ___ + ___ = ___

10. ___ + ___ = ___

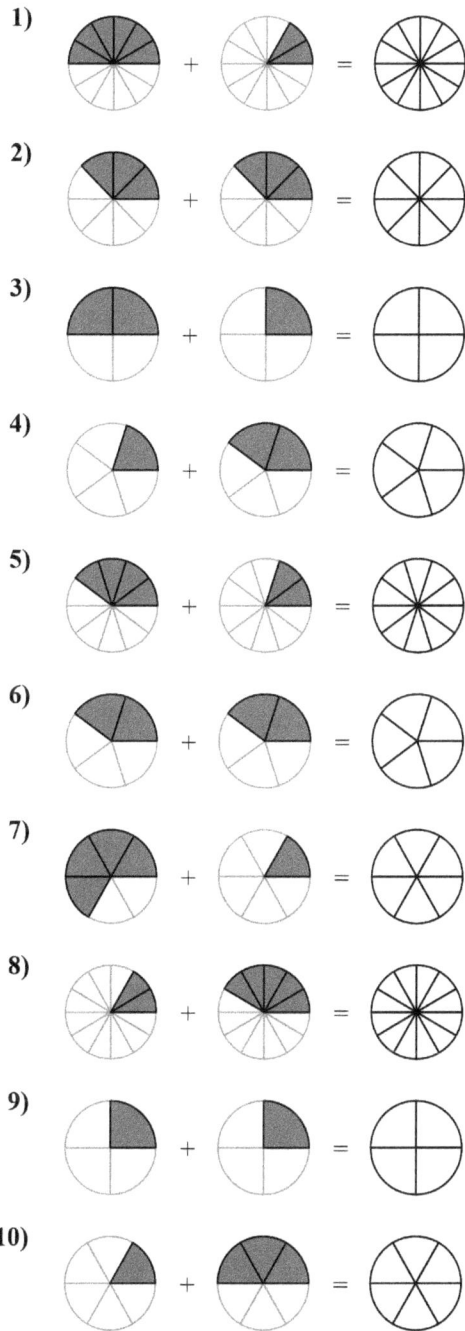

1)

2)

3)

4)

5)

6)

7)

8)

9)

10)

1. ___ + ___ = ___

2. ___ + ___ = ___

3. ___ + ___ = ___

4. ___ + ___ = ___

5. ___ + ___ = ___

6. ___ + ___ = ___

7. ___ + ___ = ___

8. ___ + ___ = ___

9. ___ + ___ = ___

10. ___ + ___ = ___

1)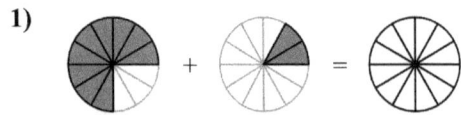

2)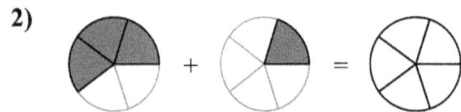

3)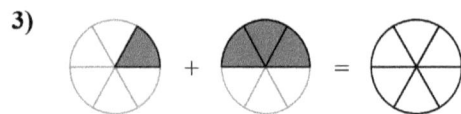

4)

5)

6)

7)

8)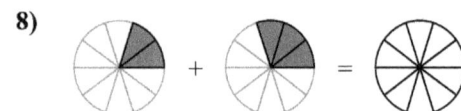

9)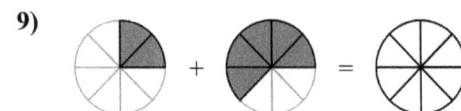

10)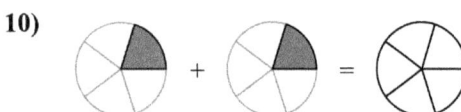

1. _____ + _____ = _____

2. _____ + _____ = _____

3. _____ + _____ = _____

4. _____ + _____ = _____

5. _____ + _____ = _____

6. _____ + _____ = _____

7. _____ + _____ = _____

8. _____ + _____ = _____

9. _____ + _____ = _____

10. _____ + _____ = _____

1)

2)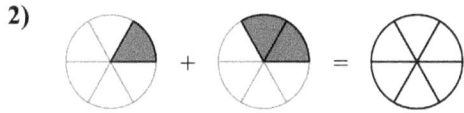

3)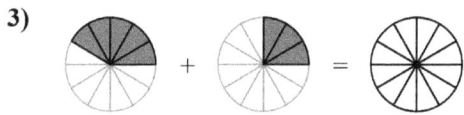

4)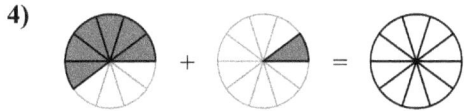

5)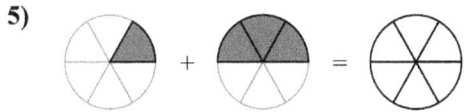

6)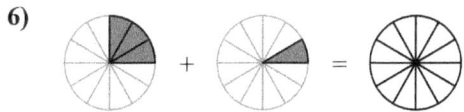

7)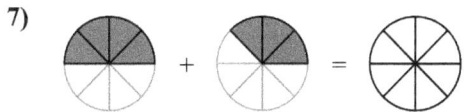

8)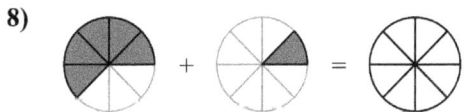

9)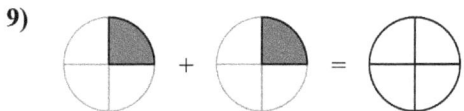

10)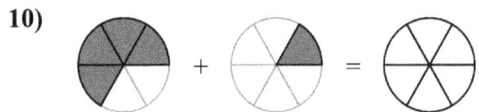

1. ___ + ___ = ___

2. ___ + ___ = ___

3. ___ + ___ = ___

4. ___ + ___ = ___

5. ___ + ___ = ___

6. ___ + ___ = ___

7. ___ + ___ = ___

8. ___ + ___ = ___

9. ___ + ___ = ___

10. ___ + ___ = ___

1)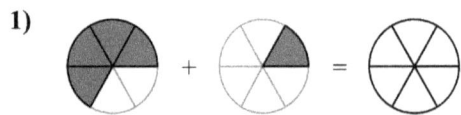

2)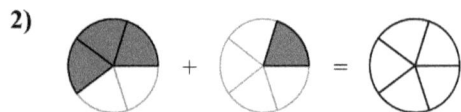

3)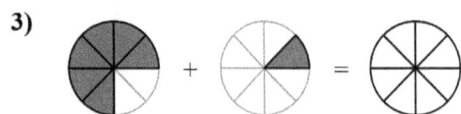

4)

5)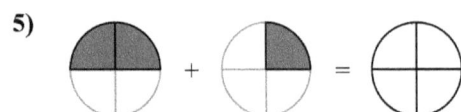

6)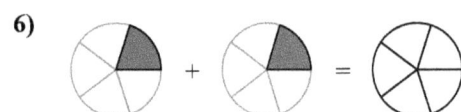

7)

8)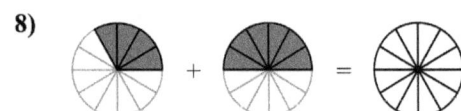

9)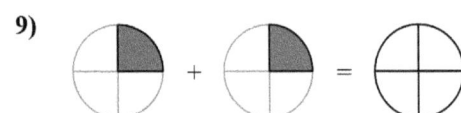

10)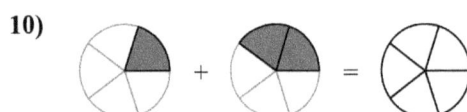

1. ____ + ____ = ____

2. ____ + ____ = ____

3. ____ + ____ = ____

4. ____ + ____ = ____

5. ____ + ____ = ____

6. ____ + ____ = ____

7. ____ + ____ = ____

8. ____ + ____ = ____

9. ____ + ____ = ____

10. ____ + ____ = ____

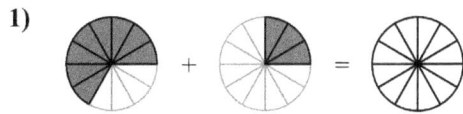

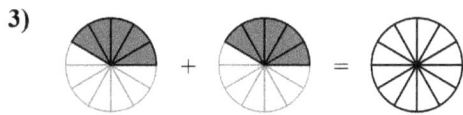

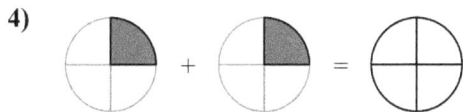

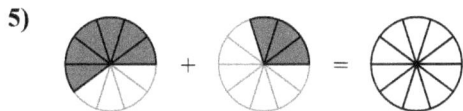

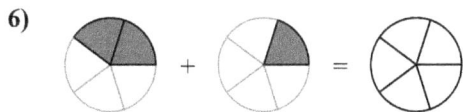

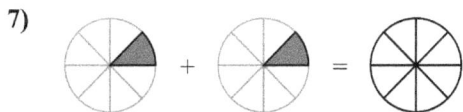

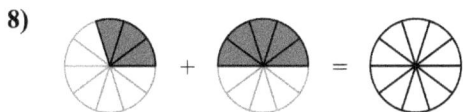

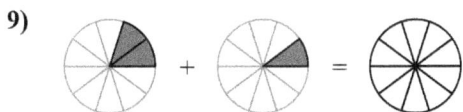

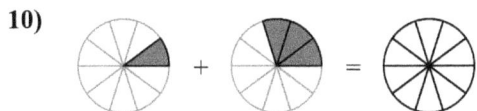

1) ⬤ + ⬤ = ⬤

2) ⬤ + ⬤ = ⬤

3) ⬤ + ⬤ = ⬤

4) ⬤ + ⬤ = ⬤

5) ⬤ + ⬤ = ⬤

6) ⬤ + ⬤ = ⬤

7) ⬤ + ⬤ = ⬤

8) ⬤ + ⬤ = ⬤

9) ⬤ + ⬤ = ⬤

10) ⬤ + ⬤ = ⬤

1. ____ + ____ = ____

2. ____ + ____ = ____

3. ____ + ____ = ____

4. ____ + ____ = ____

5. ____ + ____ = ____

6. ____ + ____ = ____

7. ____ + ____ = ____

8. ____ + ____ = ____

9. ____ + ____ = ____

10. ____ + ____ = ____

Utilisez les modèles visuels pour résoudre.

31

Ex.

1) $\frac{1}{2} \times 7 =$

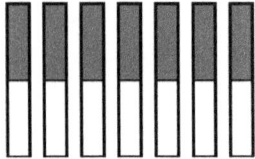

2) $\frac{1}{5} \times 2 =$

3) $\frac{1}{3} \times 5 =$

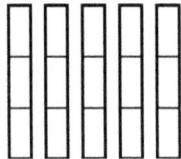

4) $\frac{1}{2} \times 5 =$

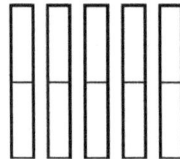

5) $\frac{3}{4} \times 4 =$

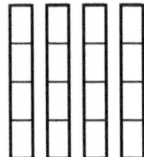

6) $\frac{3}{8} \times 7 =$

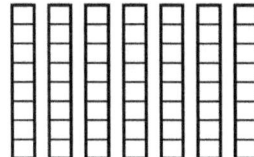

7) $\frac{2}{6} \times 3 =$

8) $\frac{1}{2} \times 5 =$

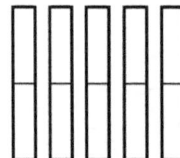

9) $\frac{1}{2} \times 5 =$

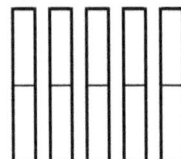

10) $\frac{3}{5} \times 5 =$

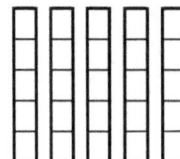

Ex. $\frac{7}{2}$

1. _____
2. _____
3. _____
4. _____
5. _____
6. _____
7. _____
8. _____
9. _____
10. _____

1) $\frac{1}{4} \times 9 =$

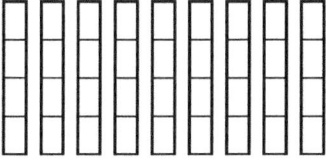

2) $\frac{1}{4} \times 7 =$

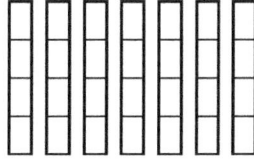

3) $\frac{3}{5} \times 6 =$

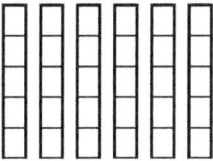

4) $\frac{9}{10} \times 2 =$

5) $\frac{1}{5} \times 4 =$

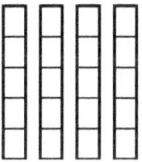

6) $\frac{3}{5} \times 8 =$

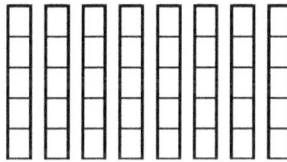

7) $\frac{1}{2} \times 8 =$

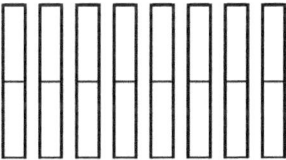

8) $\frac{2}{4} \times 4 =$

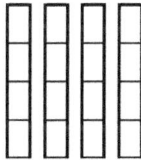

9) $\frac{2}{4} \times 2 =$

10) $\frac{6}{8} \times 2 =$

1. _____
2. _____
3. _____
4. _____
5. _____
6. _____
7. _____
8. _____
9. _____
10. _____

1) $\frac{9}{10} \times 6 =$

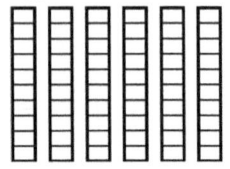

2) $\frac{7}{8} \times 7 =$

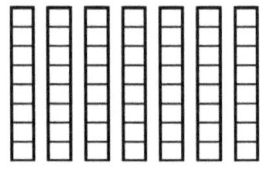

3) $\frac{2}{3} \times 4 =$

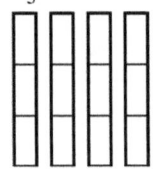

4) $\frac{5}{6} \times 5 =$

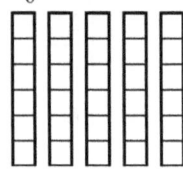

5) $\frac{2}{3} \times 5 =$

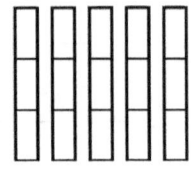

6) $\frac{1}{8} \times 5 =$

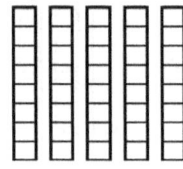

7) $\frac{9}{10} \times 8 =$

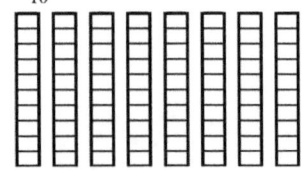

8) $\frac{2}{8} \times 9 =$

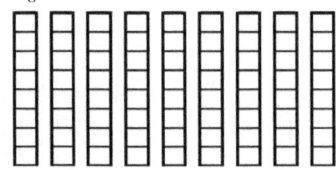

9) $\frac{3}{5} \times 4 =$

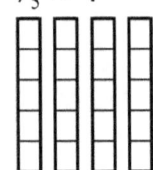

10) $\frac{2}{4} \times 7 =$

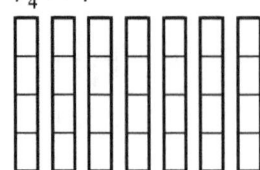

1. _____

2. _____

3. _____

4. _____

5. _____

6. _____

7. _____

8. _____

9. _____

10. _____

1) $\frac{2}{3} \times 9 =$

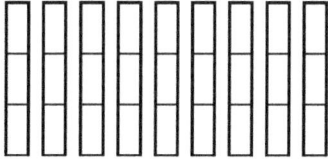

2) $\frac{7}{10} \times 7 =$

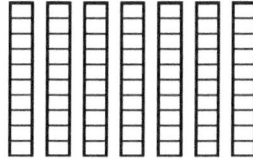

3) $\frac{6}{10} \times 2 =$

4) $\frac{2}{3} \times 7 =$

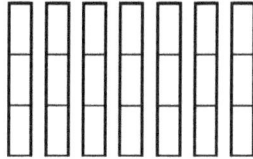

5) $\frac{1}{3} \times 5 =$

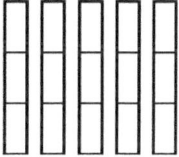

6) $\frac{2}{8} \times 7 =$

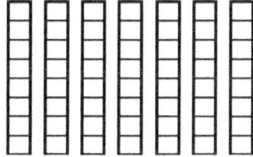

7) $\frac{2}{5} \times 9 =$

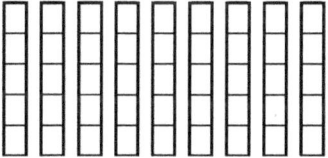

8) $\frac{1}{3} \times 3 =$

9) $\frac{1}{2} \times 5 =$

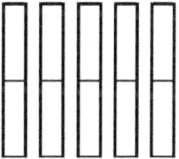

10) $\frac{3}{4} \times 9 =$

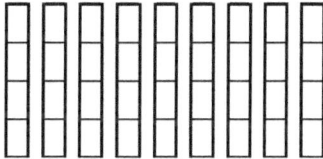

1. _____
2. _____
3. _____
4. _____
5. _____
6. _____
7. _____
8. _____
9. _____
10. _____

1) $\frac{1}{4} \times 7 =$

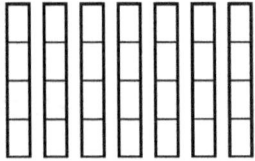

2) $\frac{6}{8} \times 9 =$

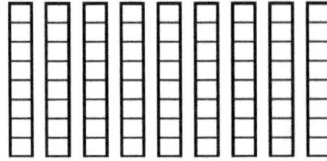

3) $\frac{7}{8} \times 3 =$

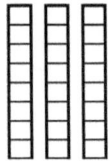

4) $\frac{2}{6} \times 9 =$

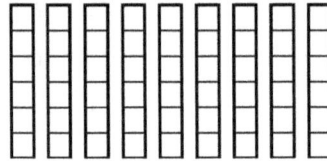

5) $\frac{1}{2} \times 9 =$

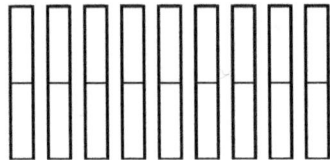

6) $\frac{1}{3} \times 6 =$

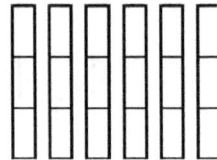

7) $\frac{1}{8} \times 3 =$

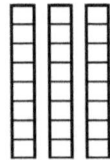

8) $\frac{2}{5} \times 5 =$

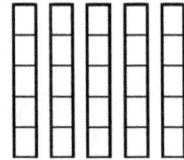

9) $\frac{5}{6} \times 4 =$

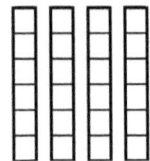

10) $\frac{1}{2} \times 6 =$

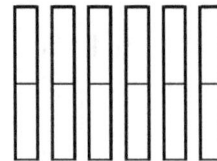

1. _____
2. _____
3. _____
4. _____
5. _____
6. _____
7. _____
8. _____
9. _____
10. _____

1) $\frac{5}{6} \times 5 =$

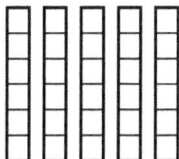

2) $\frac{2}{6} \times 8 =$

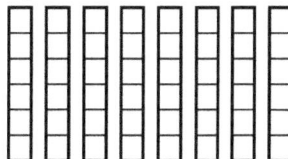

3) $\frac{5}{6} \times 5 =$

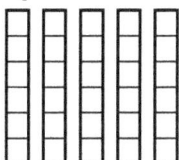

4) $\frac{1}{2} \times 6 =$

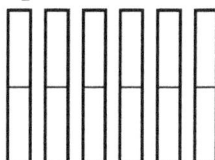

5) $\frac{2}{6} \times 9 =$

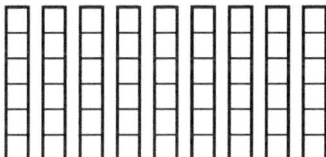

6) $\frac{2}{3} \times 3 =$

7) $\frac{2}{3} \times 5 =$

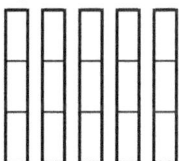

8) $\frac{3}{4} \times 3 =$

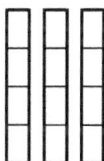

9) $\frac{5}{10} \times 3 =$

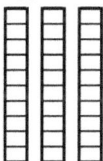

10) $\frac{3}{6} \times 8 =$

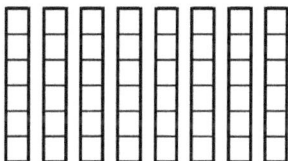

1. _____
2. _____
3. _____
4. _____
5. _____
6. _____
7. _____
8. _____
9. _____
10. _____

1) $\frac{1}{2} \times 4 =$

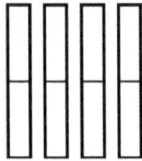

2) $\frac{1}{5} \times 8 =$

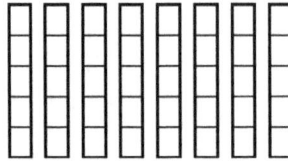

3) $\frac{7}{8} \times 8 =$

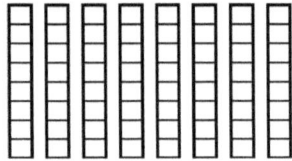

4) $\frac{6}{10} \times 5 =$

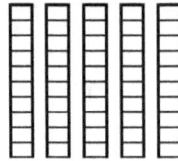

5) $\frac{2}{3} \times 3 =$

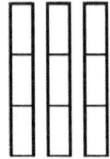

6) $\frac{6}{8} \times 5 =$

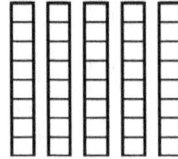

7) $\frac{5}{8} \times 4 =$

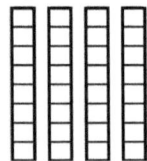

8) $\frac{1}{3} \times 8 =$

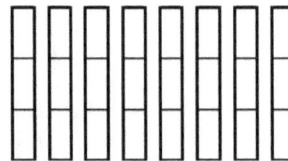

9) $\frac{3}{8} \times 8 =$

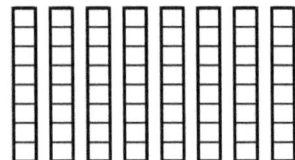

10) $\frac{6}{8} \times 7 =$

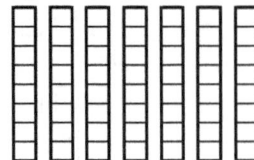

1. _____

2. _____

3. _____

4. _____

5. _____

6. _____

7. _____

8. _____

9. _____

10. _____

1) $\frac{1}{10} \times 9 =$

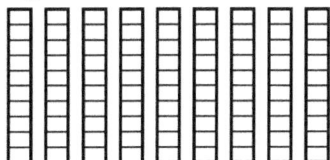

2) $\frac{3}{10} \times 6 =$

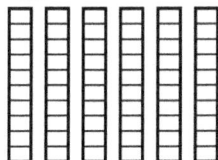

3) $\frac{3}{5} \times 4 =$

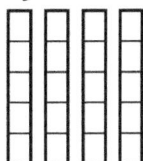

4) $\frac{4}{6} \times 8 =$

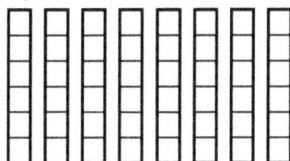

5) $\frac{3}{4} \times 9 =$

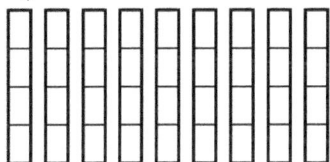

6) $\frac{3}{5} \times 3 =$

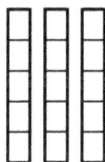

7) $\frac{1}{3} \times 7 =$

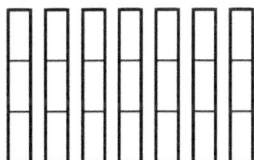

8) $\frac{3}{10} \times 3 =$

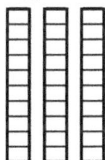

9) $\frac{3}{6} \times 8 =$

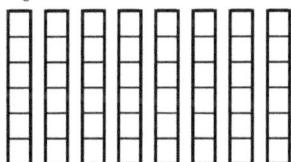

10) $\frac{1}{2} \times 5 =$

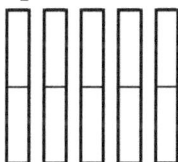

1. _____
2. _____
3. _____
4. _____
5. _____
6. _____
7. _____
8. _____
9. _____
10. _____

1) $\frac{4}{6} \times 9 =$

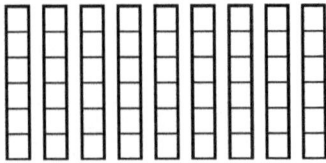

2) $\frac{2}{10} \times 2 =$

3) $\frac{4}{8} \times 4 =$

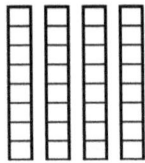

4) $\frac{4}{8} \times 4 =$

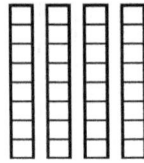

5) $\frac{1}{2} \times 7 =$

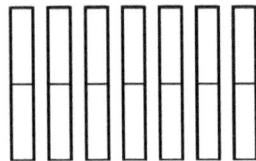

6) $\frac{1}{2} \times 2 =$

7) $\frac{2}{4} \times 6 =$

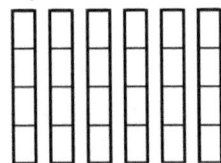

8) $\frac{2}{3} \times 8 =$

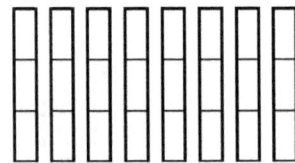

9) $\frac{2}{4} \times 8 =$

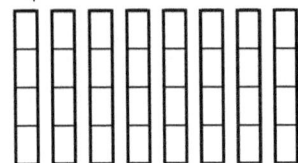

10) $\frac{4}{6} \times 6 =$

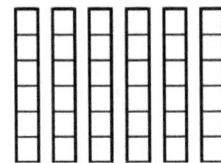

1. _____

2. _____

3. _____

4. _____

5. _____

6. _____

7. _____

8. _____

9. _____

10. _____

1) $\frac{1}{5} \times 3 =$

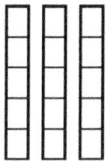

2) $\frac{2}{8} \times 9 =$

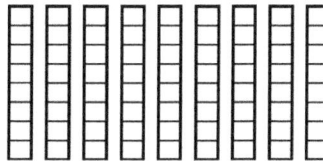

3) $\frac{3}{4} \times 4 =$

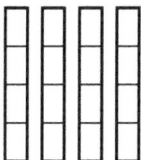

4) $\frac{2}{4} \times 3 =$

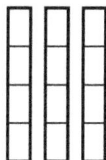

5) $\frac{2}{3} \times 3 =$

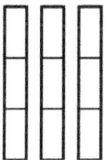

6) $\frac{1}{2} \times 3 =$

7) $\frac{1}{6} \times 7 =$

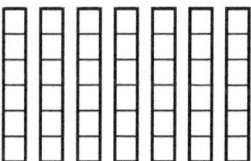

8) $\frac{3}{4} \times 6 =$

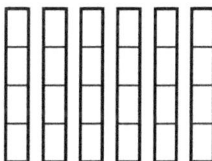

9) $\frac{3}{8} \times 3 =$

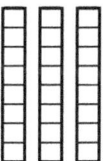

10) $\frac{5}{8} \times 5 =$

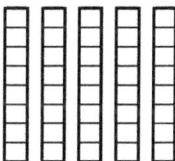

1. _____

2. _____

3. _____

4. _____

5. _____

6. _____

7. _____

8. _____

9. _____

10. _____

Déterminer quelle fraction va au milieu pour rendre la comparaison vraie. Choisissez la réponse ci-dessous.

1) $\frac{1}{6}$ < ? < $\frac{2}{3}$

$\frac{3}{4}$ $\frac{4}{8}$

$\frac{1}{8}$ $\frac{7}{8}$

2) $\frac{1}{6}$ < ? < $\frac{2}{4}$

$\frac{6}{8}$ $\frac{2}{8}$

$\frac{1}{8}$ $\frac{5}{8}$

3) $\frac{1}{3}$ < ? < $\frac{5}{8}$

$\frac{7}{8}$ $\frac{5}{6}$

$\frac{3}{8}$ $\frac{1}{6}$

4) $\frac{1}{4}$ < ? < $\frac{3}{4}$

$\frac{1}{8}$ $\frac{5}{6}$

$\frac{3}{6}$ $\frac{1}{6}$

5) $\frac{2}{8}$ < ? < $\frac{3}{8}$

$\frac{1}{8}$ $\frac{1}{3}$

$\frac{5}{8}$ $\frac{2}{3}$

6) $\frac{4}{6}$ < ? < $\frac{5}{6}$

$\frac{1}{6}$ $\frac{2}{8}$

$\frac{1}{2}$ $\frac{6}{8}$

7) $\frac{1}{4}$ < ? < $\frac{4}{8}$

$\frac{1}{6}$ $\frac{1}{8}$

$\frac{3}{4}$ $\frac{2}{6}$

8) $\frac{1}{6}$ < ? < $\frac{3}{8}$

$\frac{2}{3}$ $\frac{4}{8}$

$\frac{1}{4}$ $\frac{6}{8}$

9) $\frac{2}{6}$ < ? < $\frac{3}{6}$

$\frac{3}{4}$ $\frac{1}{6}$ $\frac{3}{8}$ $\frac{1}{8}$

10) $\frac{1}{4}$ < ? < $\frac{3}{8}$

$\frac{2}{3}$ $\frac{6}{8}$ $\frac{1}{3}$ $\frac{1}{2}$

1)
$\frac{1}{8}$ < ? < $\frac{2}{8}$

$\frac{2}{3}$ $\frac{5}{6}$

$\frac{6}{8}$ $\frac{1}{6}$

2)
$\frac{4}{6}$ < ? < $\frac{5}{6}$

$\frac{1}{3}$ $\frac{1}{6}$

$\frac{2}{8}$ $\frac{6}{8}$

3)
$\frac{1}{3}$ < ? < $\frac{5}{8}$

$\frac{2}{3}$ $\frac{2}{8}$

$\frac{3}{4}$ $\frac{3}{6}$

4)
$\frac{4}{8}$ < ? < $\frac{2}{3}$

$\frac{1}{6}$ $\frac{5}{8}$

$\frac{6}{8}$ $\frac{1}{8}$

5)
$\frac{3}{6}$ < ? < $\frac{2}{3}$

$\frac{5}{6}$ $\frac{3}{8}$

$\frac{2}{6}$ $\frac{5}{8}$

6)
$\frac{2}{8}$ < ? < $\frac{3}{8}$

$\frac{1}{3}$ $\frac{3}{4}$

$\frac{1}{2}$ $\frac{1}{6}$

7)
$\frac{5}{8}$ < ? < $\frac{6}{8}$

$\frac{2}{8}$ $\frac{2}{3}$

$\frac{7}{8}$ $\frac{5}{6}$

8)
$\frac{4}{8}$ < ? < $\frac{4}{6}$

$\frac{3}{8}$ $\frac{2}{6}$

$\frac{5}{6}$ $\frac{5}{8}$

9)
$\frac{1}{3}$ < ? < $\frac{5}{8}$

$\frac{3}{6}$ $\frac{1}{8}$ $\frac{1}{4}$ $\frac{4}{6}$

10)
$\frac{2}{6}$ < ? < $\frac{2}{4}$

$\frac{3}{8}$ $\frac{5}{8}$ $\frac{3}{4}$ $\frac{2}{3}$

1. _____

2. _____

3. _____

4. _____

5. _____

6. _____

7. _____

8. _____

9. _____

10. _____

1)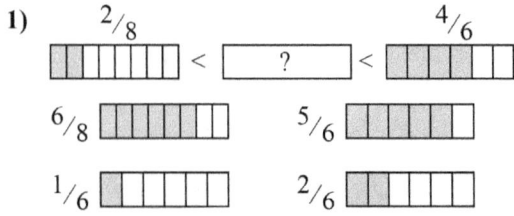

2)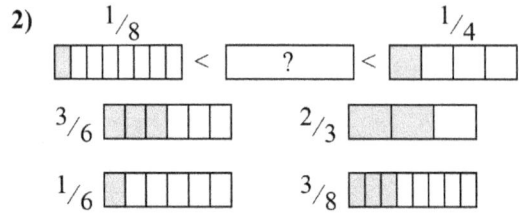

3)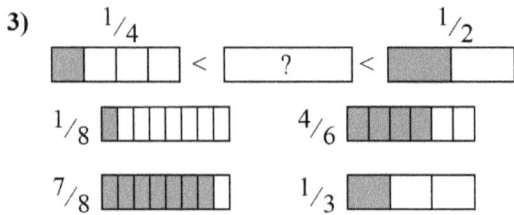

4)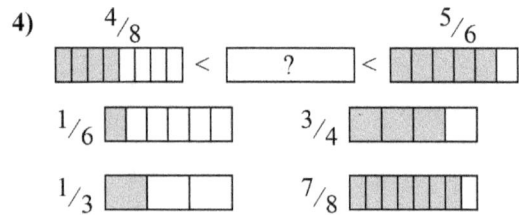

5)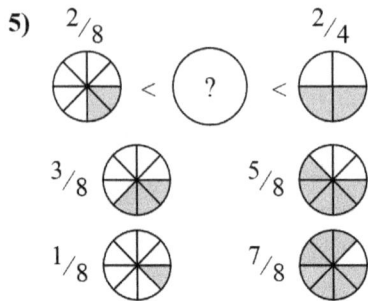

6)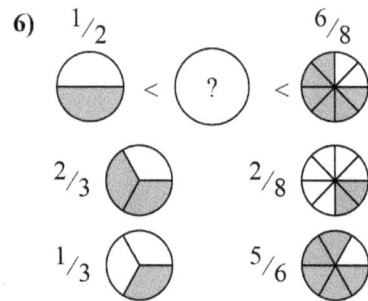

7)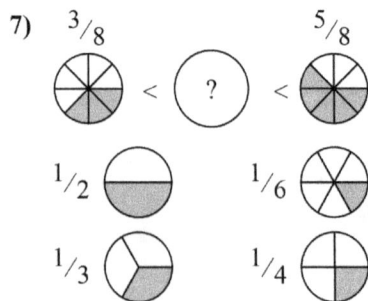

8)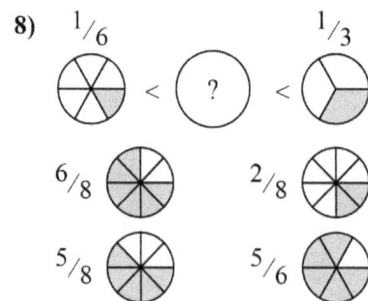

9)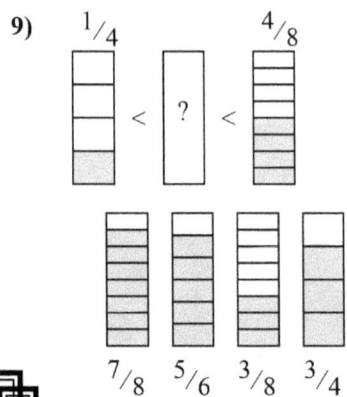

10)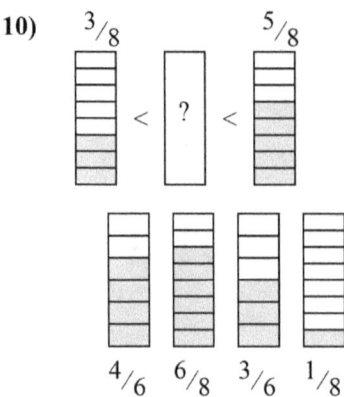

1. _____

2. _____

3. _____

4. _____

5. _____

6. _____

7. _____

8. _____

9. _____

10. _____

1)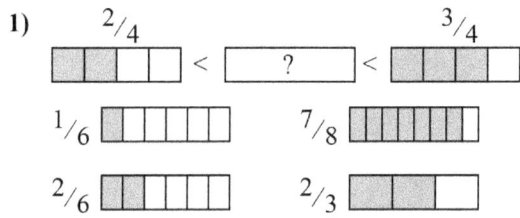

2)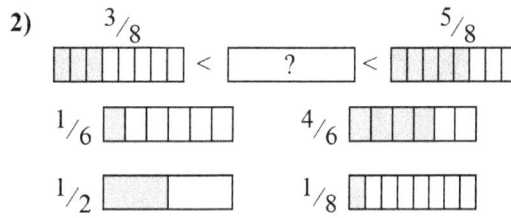

1. _____

2. _____

3)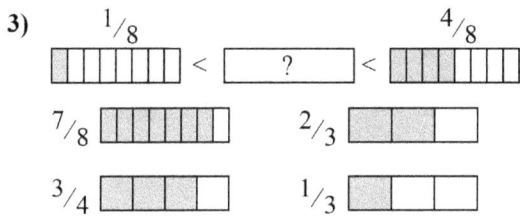

4)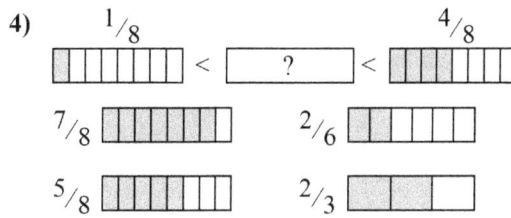

3. _____

4. _____

5)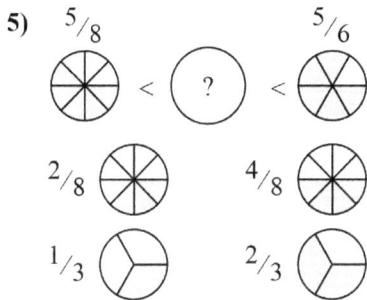

6)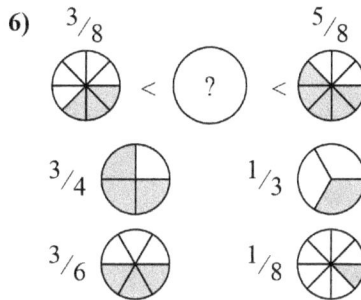

5. _____

6. _____

7. _____

8. _____

9. _____

10. _____

7)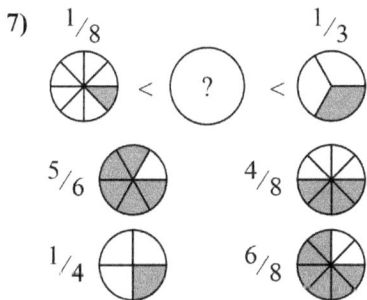

8)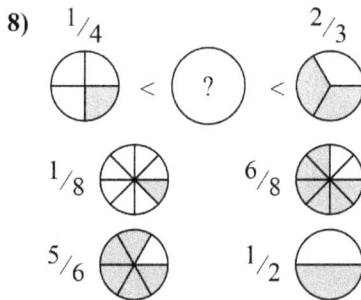

9)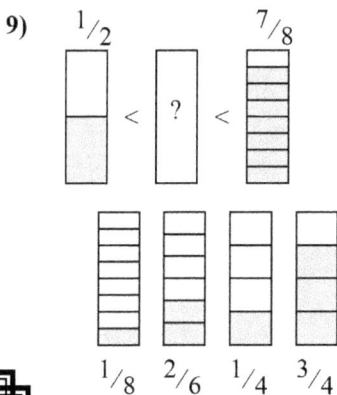

10)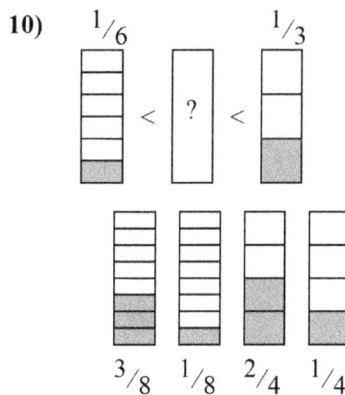

1)

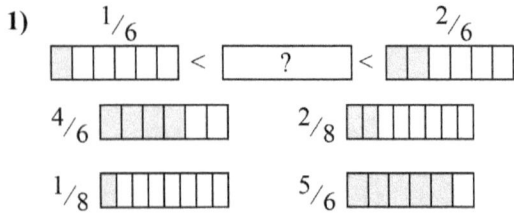

2)

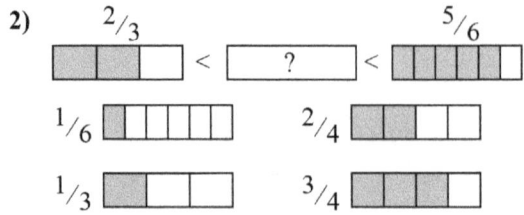

1. _____

2. _____

3. _____

3)

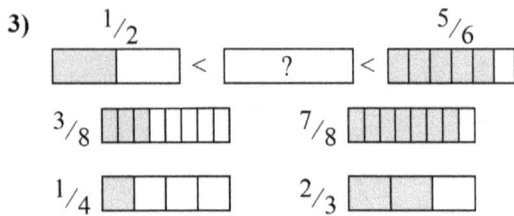

4)

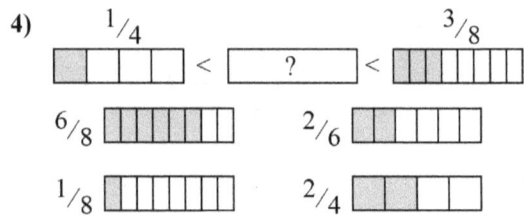

4. _____

5. _____

6. _____

5)

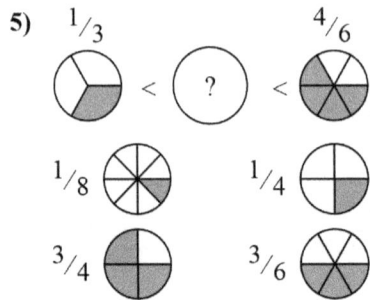

6)

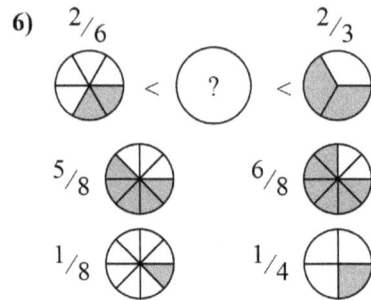

7. _____

8. _____

9. _____

10. _____

7)

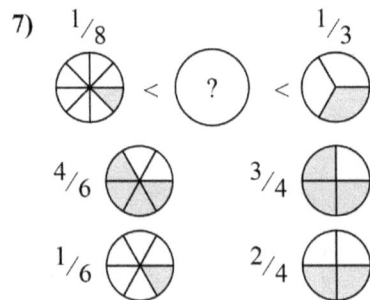

8)

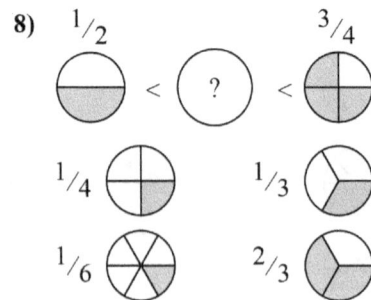

9)

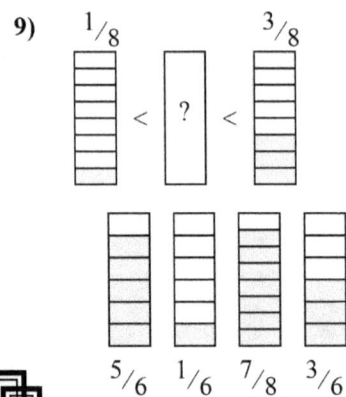

10)

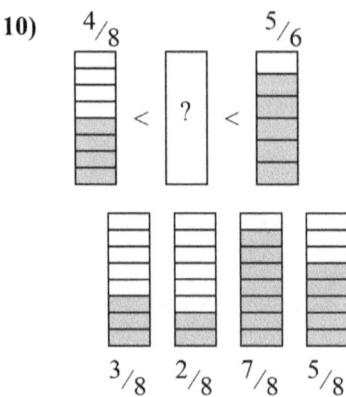

1)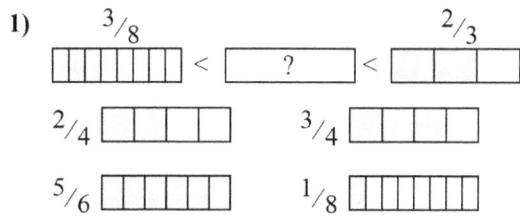

2)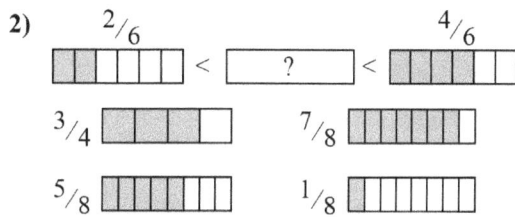

3)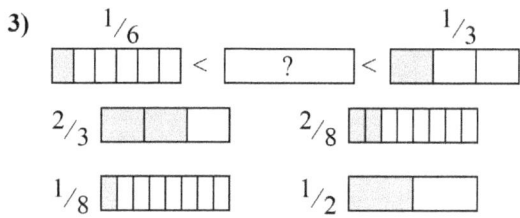

4)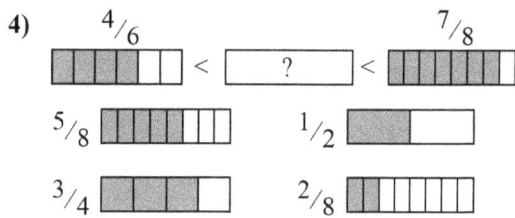

5)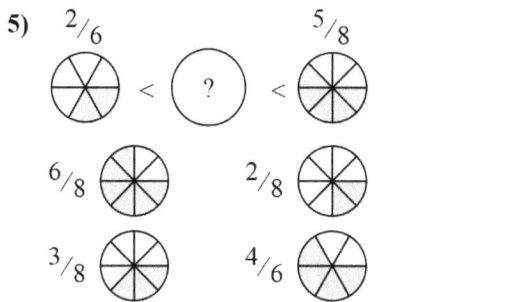

6)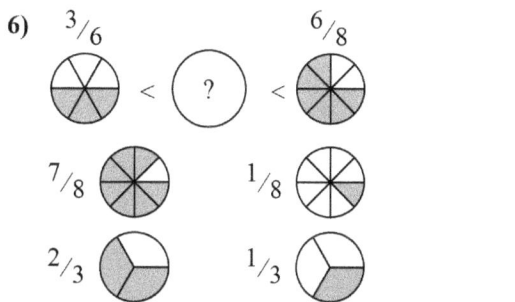

7)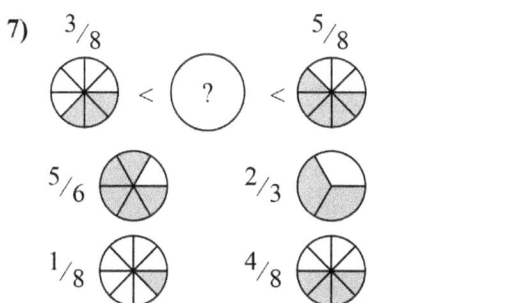

8)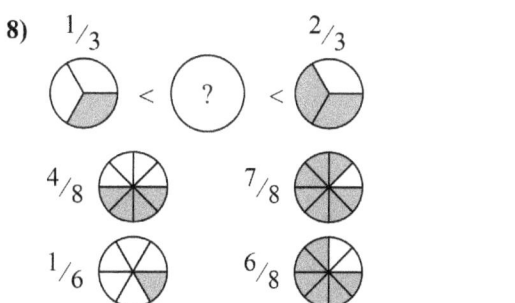

9)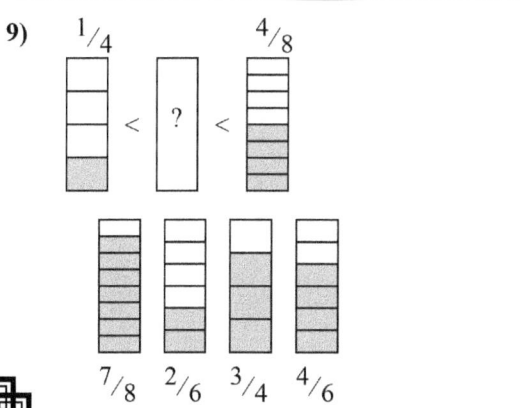

10)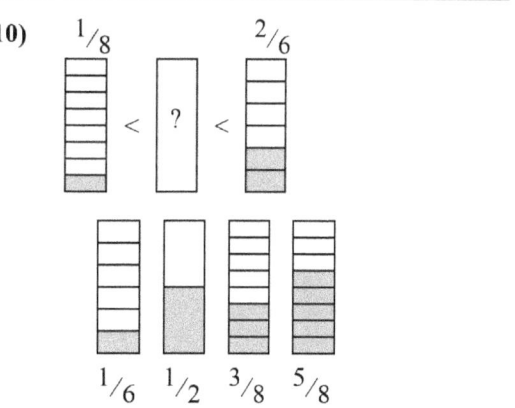

1. _____

2. _____

3. _____

4. _____

5. _____

6. _____

7. _____

8. _____

9. _____

10. _____

1)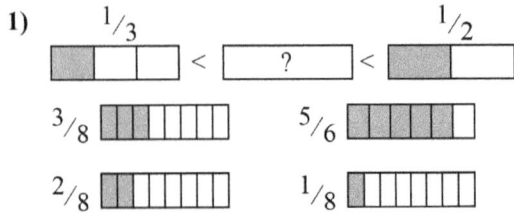

2)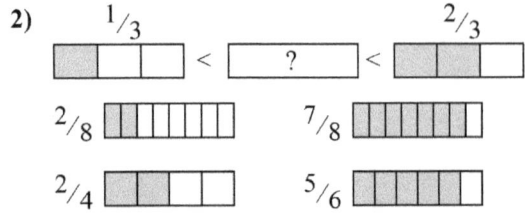

1. _____

2. _____

3)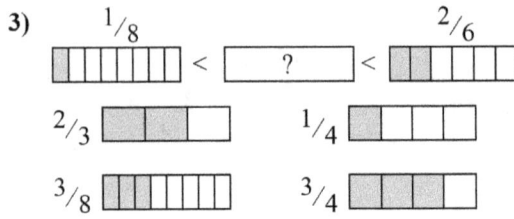

4)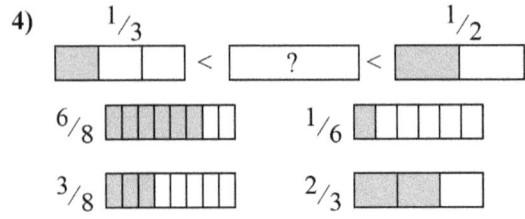

3. _____

4. _____

5. _____

6. _____

5)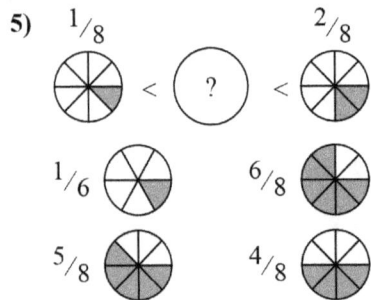

6)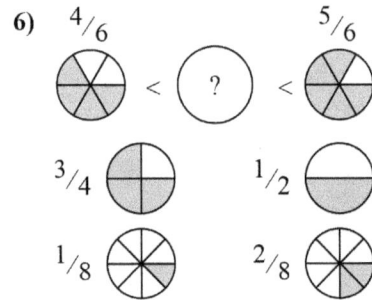

7. _____

8. _____

9. _____

10. _____

7)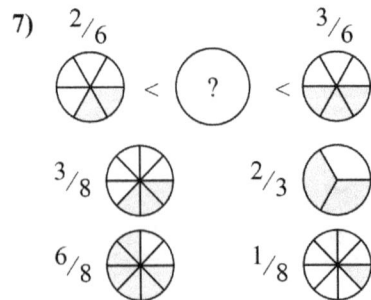

8)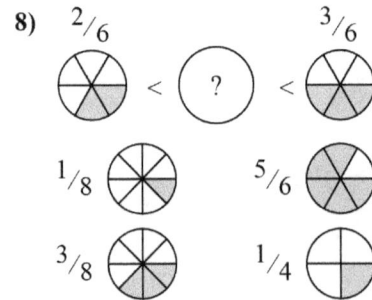

9)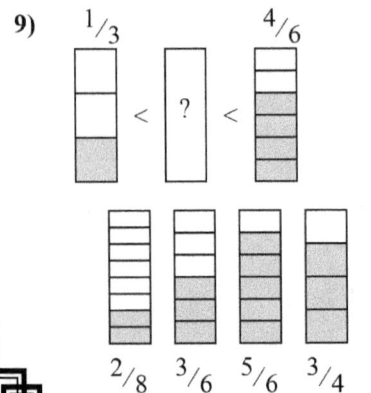

10)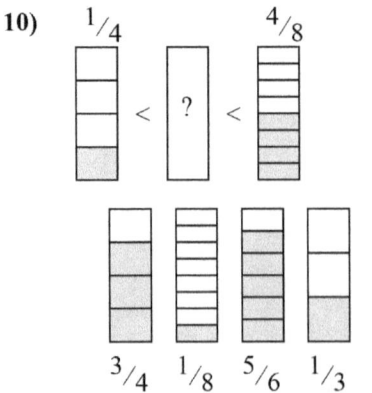

1)

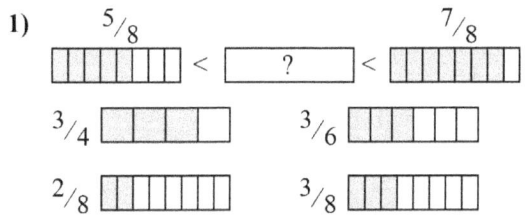

2)

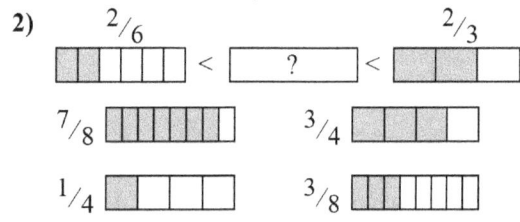

1. _____

2. _____

3. _____

3)

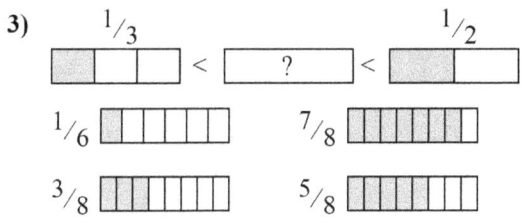

4)

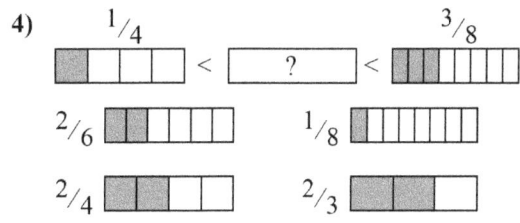

4. _____

5. _____

6. _____

5)

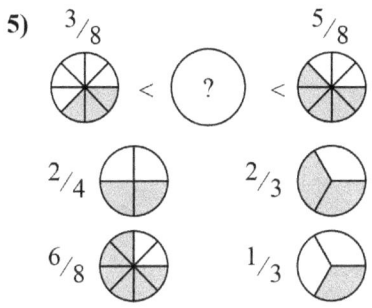

6)

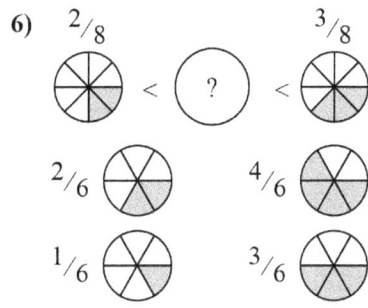

7. _____

8. _____

9. _____

10. _____

7)

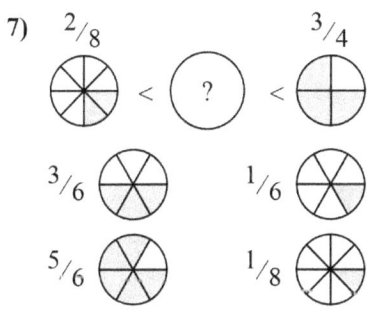

8)

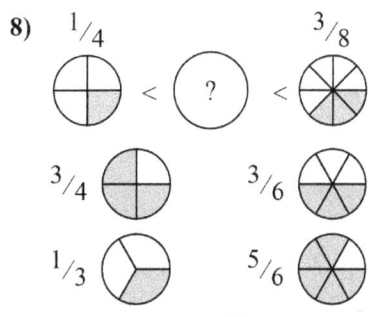

9)

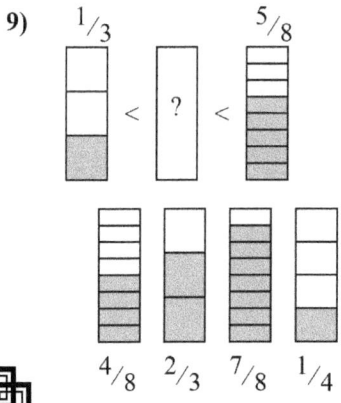

10)

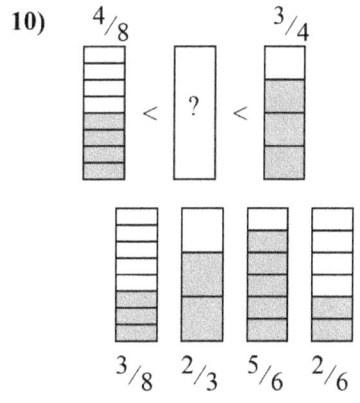

1)
$\frac{4}{8}$ $\frac{2}{3}$

< ? <

$\frac{1}{3}$ $\frac{3}{8}$

$\frac{5}{8}$ $\frac{1}{6}$

2)
$\frac{2}{6}$ $\frac{4}{6}$

< ? <

$\frac{1}{2}$ $\frac{1}{6}$

$\frac{3}{4}$ $\frac{7}{8}$

1. _____

3)
$\frac{4}{6}$ $\frac{5}{6}$

< ? <

$\frac{3}{6}$ $\frac{1}{3}$

$\frac{6}{8}$ $\frac{1}{8}$

4)
$\frac{4}{6}$ $\frac{7}{8}$

< ? <

$\frac{1}{3}$ $\frac{2}{4}$

$\frac{5}{8}$ $\frac{6}{8}$

2. _____

3. _____

5)
$\frac{1}{4}$ $\frac{1}{2}$

< ? <

$\frac{5}{8}$ $\frac{7}{8}$

$\frac{1}{3}$ $\frac{5}{6}$

6)
$\frac{1}{8}$ $\frac{4}{6}$

< ? <

$\frac{7}{8}$ $\frac{1}{6}$

$\frac{6}{8}$ $\frac{5}{6}$

4. _____

5. _____

6. _____

7. _____

7)
$\frac{5}{8}$ $\frac{5}{6}$

< ? <

$\frac{1}{8}$ $\frac{1}{3}$

$\frac{3}{4}$ $\frac{1}{4}$

8)
$\frac{3}{8}$ $\frac{5}{8}$

< ? <

$\frac{1}{2}$ $\frac{7}{8}$

$\frac{2}{8}$ $\frac{5}{6}$

8. _____

9. _____

10. _____

9)
$\frac{5}{8}$ $\frac{6}{8}$

< ? <

$\frac{4}{8}$ $\frac{1}{4}$ $\frac{2}{6}$ $\frac{2}{3}$

10)
$\frac{4}{8}$ $\frac{2}{3}$

< ? <

$\frac{5}{8}$ $\frac{1}{8}$ $\frac{1}{6}$ $\frac{2}{6}$

1)

$^4/_8$ < ? < $^4/_6$

$^1/_3$ $^2/_8$

$^7/_8$ $^5/_8$

2)

$^2/_8$ < ? < $^3/_6$

$^5/_6$ $^1/_6$

$^3/_8$ $^1/_8$

3)

$^1/_2$ < ? < $^2/_3$

$^5/_8$ $^6/_8$

$^1/_3$ $^1/_8$

4)

$^1/_4$ < ? < $^2/_3$

$^5/_6$ $^3/_4$

$^1/_6$ $^2/_4$

5)

$^2/_4$ < ? < $^5/_6$

$^2/_8$ $^3/_8$

$^3/_4$ $^2/_6$

6)

$^3/_6$ < ? < $^3/_4$

$^3/_8$ $^1/_3$

$^1/_4$ $^2/_3$

7)

$^2/_6$ < ? < $^4/_6$

$^6/_8$ $^1/_6$

$^3/_8$ $^2/_8$

8)

$^4/_8$ < ? < $^5/_6$

$^7/_8$ $^1/_8$

$^2/_6$ $^2/_3$

9)

$^3/_6$ < ? < $^7/_8$

$^1/_6$ $^4/_6$ $^1/_4$ $^2/_6$

10)

$^1/_8$ < ? < $^3/_8$

$^1/_4$ $^7/_8$ $^2/_4$ $^6/_8$

1. _____
2. _____
3. _____
4. _____
5. _____
6. _____
7. _____
8. _____
9. _____
10. _____

Déterminer quelle lettre représente le mieux une fraction équivalente. Choisissez la réponse ci-dessous.

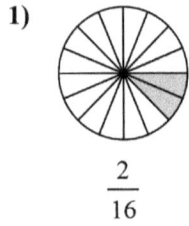

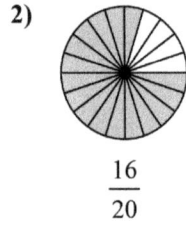

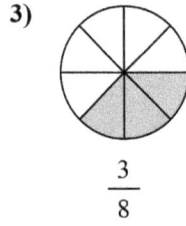

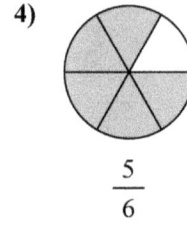

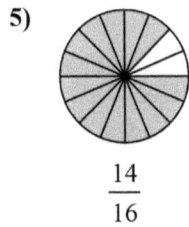

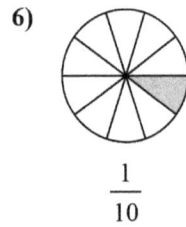

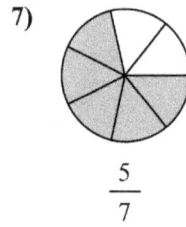

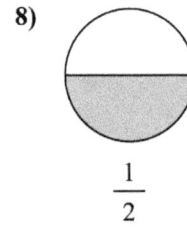

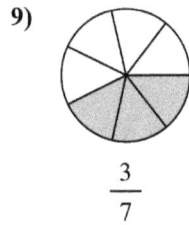

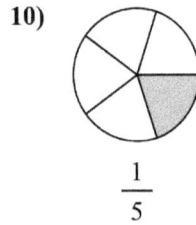

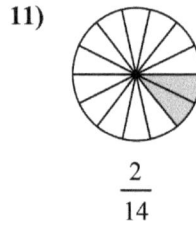

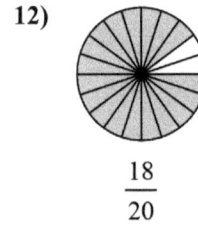

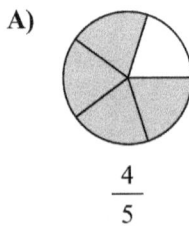

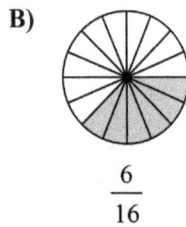

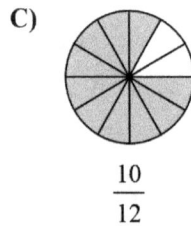

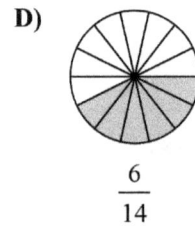

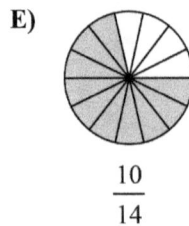

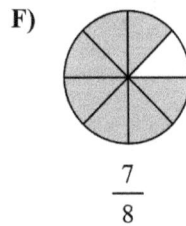

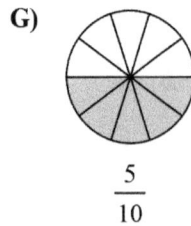

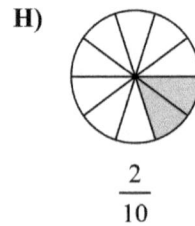

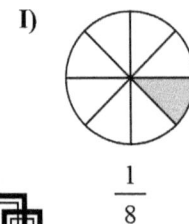

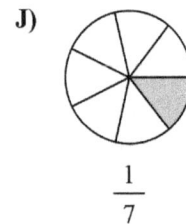

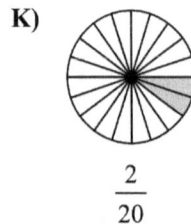

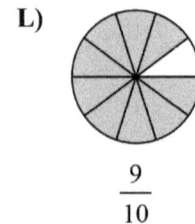

1)
$$\frac{2}{16}$$

2)
$$\frac{16}{20}$$

3)
$$\frac{3}{8}$$

4)
$$\frac{5}{6}$$

5)
$$\frac{14}{16}$$

6)
$$\frac{1}{10}$$

7)
$$\frac{5}{7}$$

8)
$$\frac{1}{2}$$

9)
$$\frac{3}{7}$$

10)
$$\frac{1}{5}$$

11)
$$\frac{2}{14}$$

12)
$$\frac{18}{20}$$

A)
$$\frac{4}{5}$$

B)
$$\frac{6}{16}$$

C)
$$\frac{10}{12}$$

D)
$$\frac{6}{14}$$

E)
$$\frac{10}{14}$$

F)
$$\frac{7}{8}$$

G)
$$\frac{5}{10}$$

H)
$$\frac{2}{10}$$

I)
$$\frac{1}{8}$$

J)
$$\frac{1}{7}$$

K)
$$\frac{2}{20}$$

L)
$$\frac{9}{10}$$

Ex. I

1. _____
2. _____
3. _____
4. _____
5. _____
6. _____
7. _____
8. _____
9. _____
10. _____
11. _____
12. _____

52

1) $\dfrac{3}{4}$

2) $\dfrac{4}{14}$

3) $\dfrac{1}{7}$

4) $\dfrac{6}{14}$

5) $\dfrac{1}{2}$

6) $\dfrac{6}{20}$

7) $\dfrac{2}{16}$

8) $\dfrac{14}{16}$

9) $\dfrac{12}{14}$

10) $\dfrac{7}{10}$

11) $\dfrac{9}{10}$

12) $\dfrac{12}{20}$

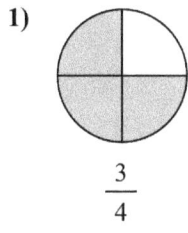

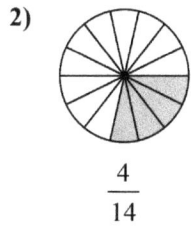

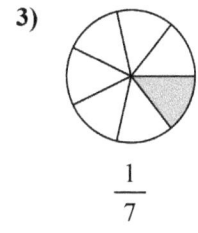

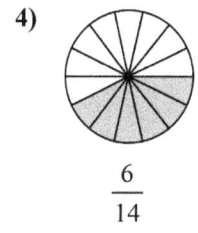

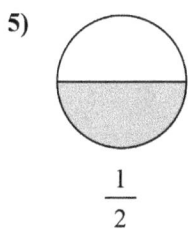

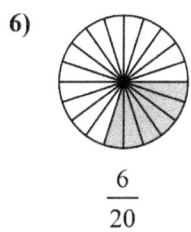

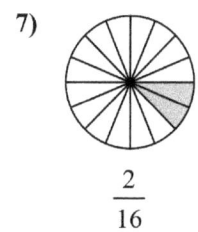

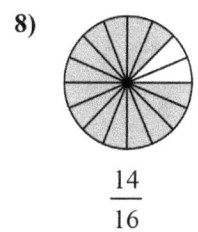

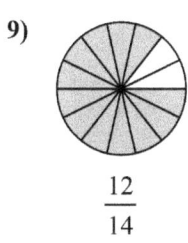

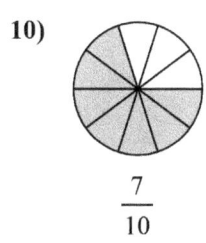

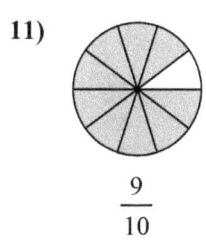

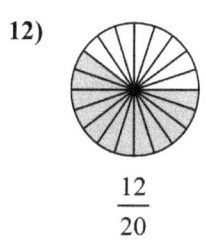

1. _____
2. _____
3. _____
4. _____
5. _____
6. _____
7. _____
8. _____
9. _____
10. _____
11. _____
12. _____

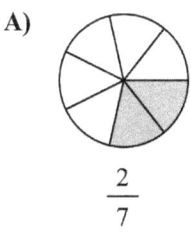

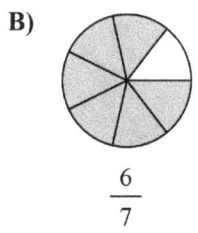

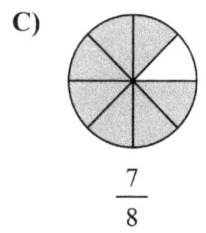

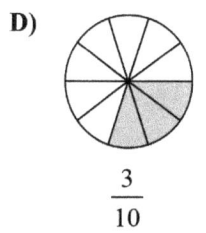

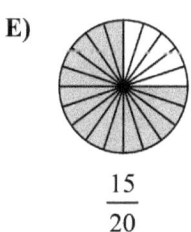

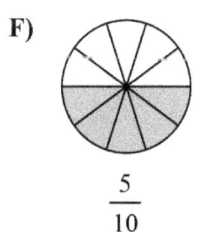

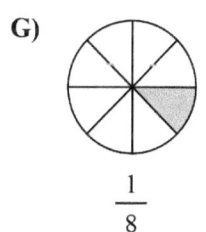

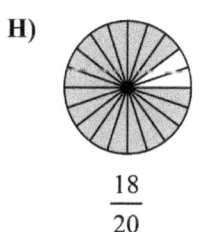

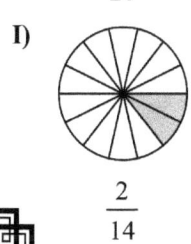

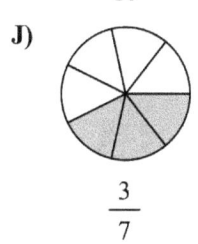

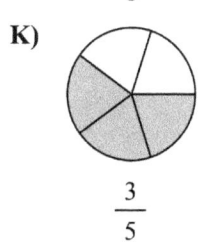

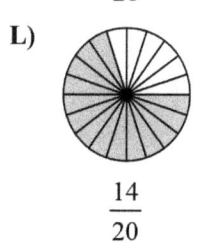

A) $\dfrac{2}{7}$

B) $\dfrac{6}{7}$

C) $\dfrac{7}{8}$

D) $\dfrac{3}{10}$

E) $\dfrac{15}{20}$

F) $\dfrac{5}{10}$

G) $\dfrac{1}{8}$

H) $\dfrac{18}{20}$

I) $\dfrac{2}{14}$

J) $\dfrac{3}{7}$

K) $\dfrac{3}{5}$

L) $\dfrac{14}{20}$

1) $\frac{2}{16}$

2) $\frac{18}{20}$

3) $\frac{10}{20}$

4) $\frac{6}{7}$

5) $\frac{4}{7}$

6) $\frac{4}{5}$

7) $\frac{2}{7}$

8) $\frac{5}{8}$

9) $\frac{3}{4}$

10) $\frac{1}{4}$

11) $\frac{10}{14}$

12) $\frac{15}{18}$

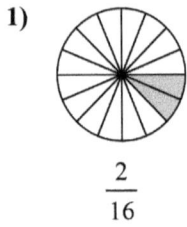

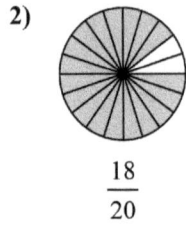

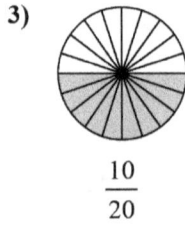

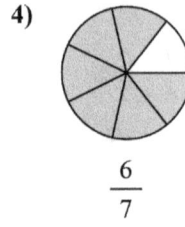

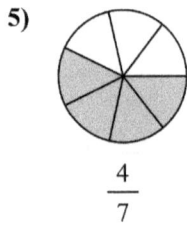

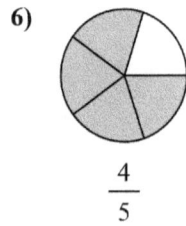

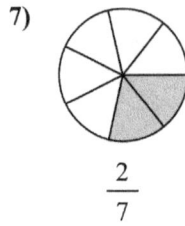

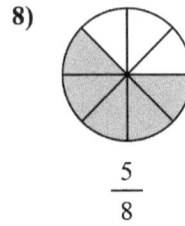

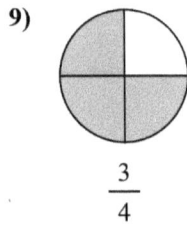

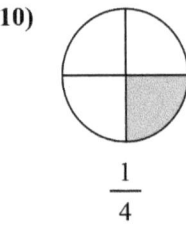

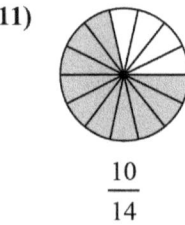

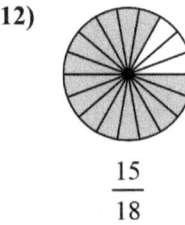

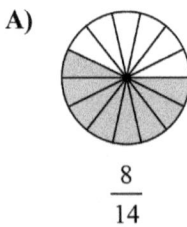

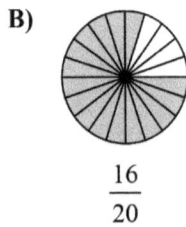

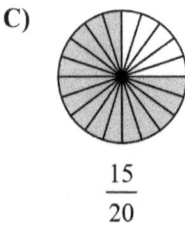

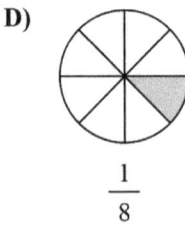

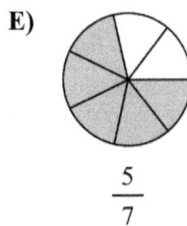

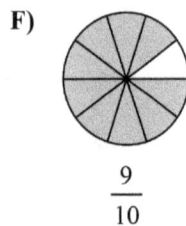

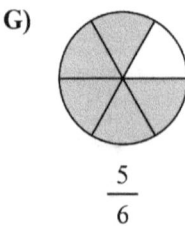

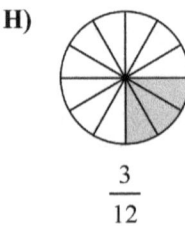

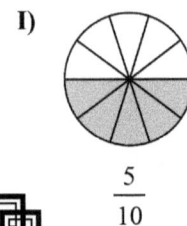

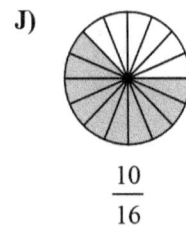

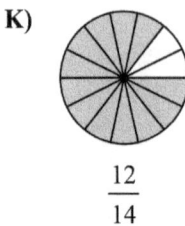

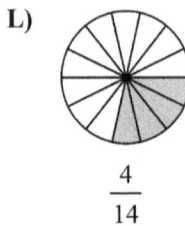

1. _____
2. _____
3. _____
4. _____
5. _____
6. _____
7. _____
8. _____
9. _____
10. _____
11. _____
12. _____

A) $\frac{8}{14}$

B) $\frac{16}{20}$

C) $\frac{15}{20}$

D) $\frac{1}{8}$

E) $\frac{5}{7}$

F) $\frac{9}{10}$

G) $\frac{5}{6}$

H) $\frac{3}{12}$

I) $\frac{5}{10}$

J) $\frac{10}{16}$

K) $\frac{12}{14}$

L) $\frac{4}{14}$

1)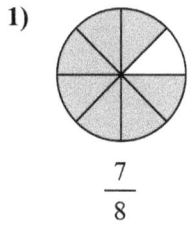

$\dfrac{7}{8}$

2)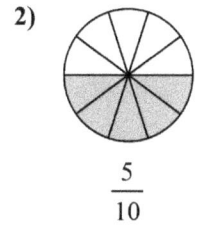

$\dfrac{5}{10}$

3)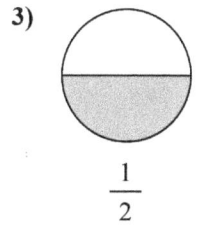

$\dfrac{1}{2}$

4)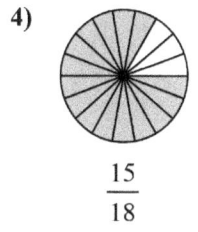

$\dfrac{15}{18}$

5)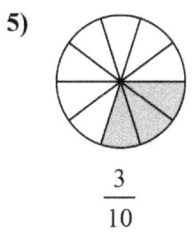

$\dfrac{3}{10}$

6)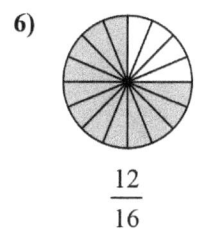

$\dfrac{12}{16}$

7)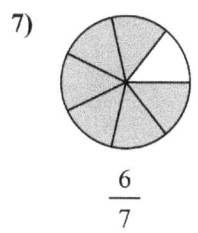

$\dfrac{6}{7}$

8)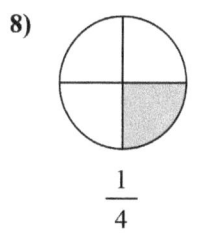

$\dfrac{1}{4}$

9)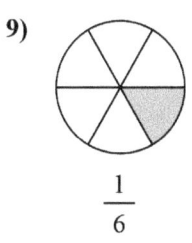

$\dfrac{1}{6}$

10)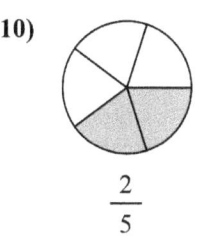

$\dfrac{2}{5}$

11)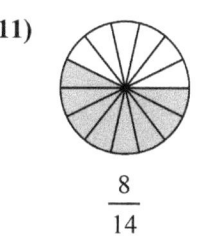

$\dfrac{8}{14}$

12)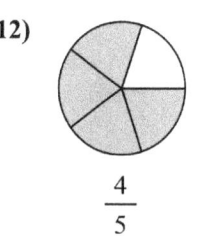

$\dfrac{4}{5}$

1. _____
2. _____
3. _____
4. _____
5. _____
6. _____
7. _____
8. _____
9. _____
10. _____
11. _____
12. _____

A)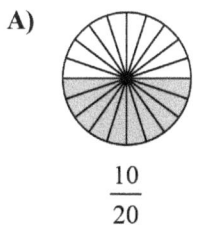

$\dfrac{10}{20}$

B)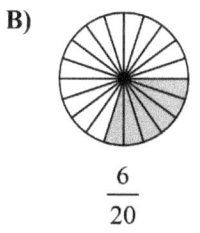

$\dfrac{6}{20}$

C)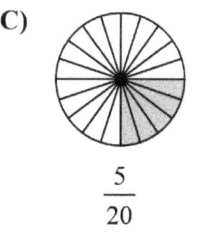

$\dfrac{5}{20}$

D)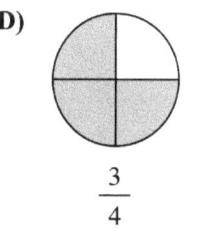

$\dfrac{3}{4}$

E)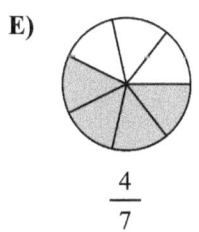

$\dfrac{4}{7}$

F)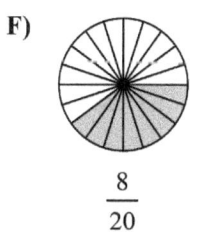

$\dfrac{8}{20}$

G)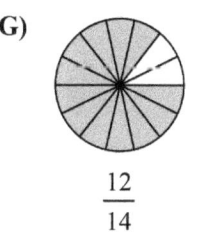

$\dfrac{12}{14}$

H)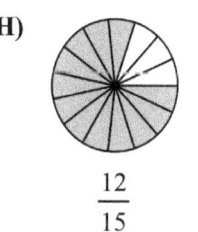

$\dfrac{12}{15}$

I)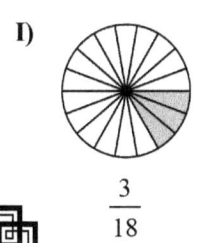

$\dfrac{3}{18}$

J)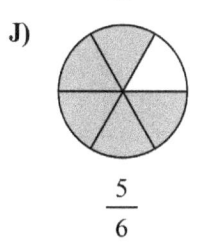

$\dfrac{5}{6}$

K)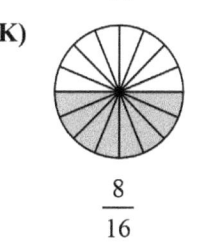

$\dfrac{8}{16}$

L)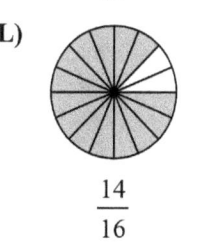

$\dfrac{14}{16}$

1)

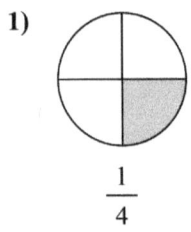

$\dfrac{1}{4}$

2)

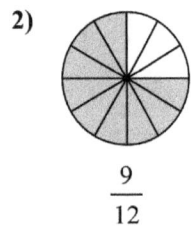

$\dfrac{9}{12}$

3)

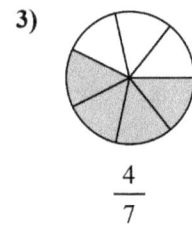

$\dfrac{4}{7}$

4)

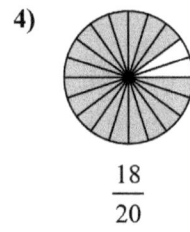

$\dfrac{18}{20}$

5)

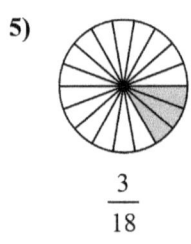

$\dfrac{3}{18}$

6)

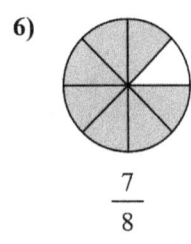

$\dfrac{7}{8}$

7)

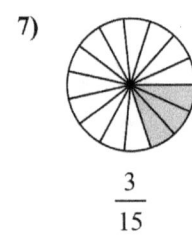

$\dfrac{3}{15}$

8)

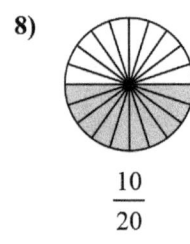

$\dfrac{10}{20}$

9)

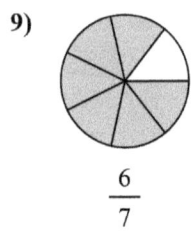

$\dfrac{6}{7}$

10)

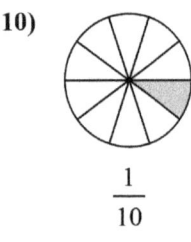

$\dfrac{1}{10}$

11)

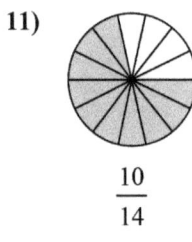

$\dfrac{10}{14}$

12)

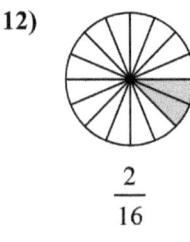

$\dfrac{2}{16}$

1. _____

2. _____

3. _____

4. _____

5. _____

6. _____

7. _____

8. _____

9. _____

10. _____

11. _____

12. _____

A)

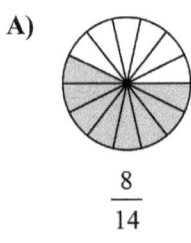

$\dfrac{8}{14}$

B)

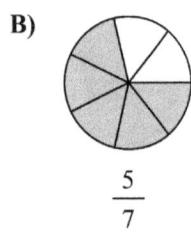

$\dfrac{5}{7}$

C)

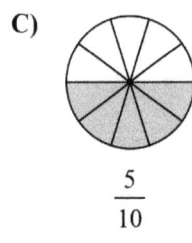

$\dfrac{5}{10}$

D)

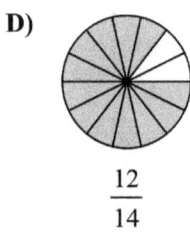

$\dfrac{12}{14}$

E)

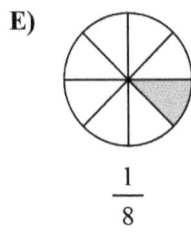

$\dfrac{1}{8}$

F)

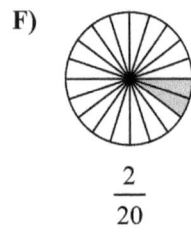

$\dfrac{2}{20}$

G)

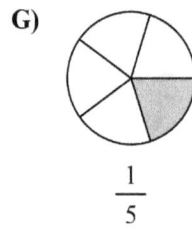

$\dfrac{1}{5}$

H)

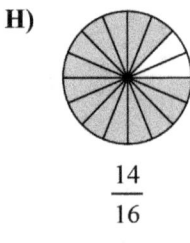

$\dfrac{14}{16}$

I)

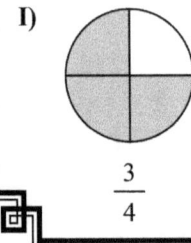

$\dfrac{3}{4}$

J)

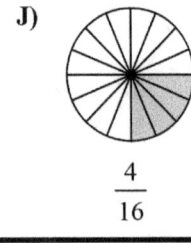

$\dfrac{4}{16}$

K)

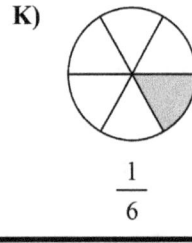

$\dfrac{1}{6}$

L)

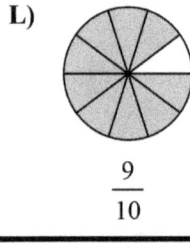

$\dfrac{9}{10}$

1)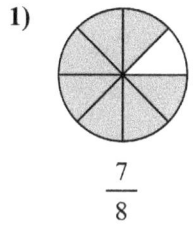
$$\frac{7}{8}$$

2)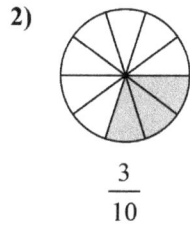
$$\frac{3}{10}$$

3)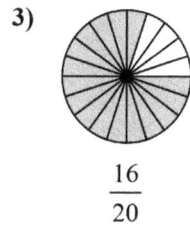
$$\frac{16}{20}$$

4)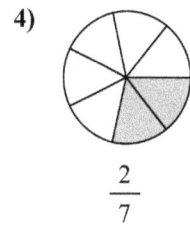
$$\frac{2}{7}$$

5)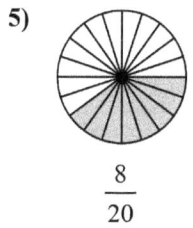
$$\frac{8}{20}$$

6)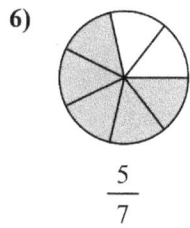
$$\frac{5}{7}$$

7)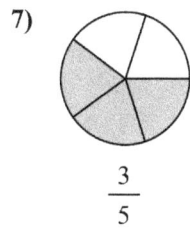
$$\frac{3}{5}$$

8)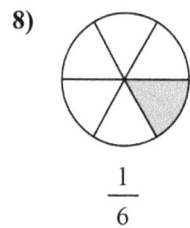
$$\frac{1}{6}$$

9)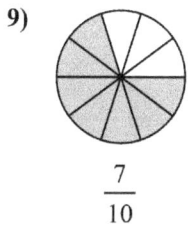
$$\frac{7}{10}$$

10)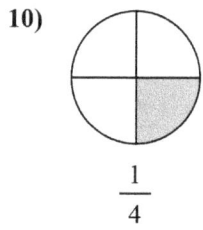
$$\frac{1}{4}$$

11)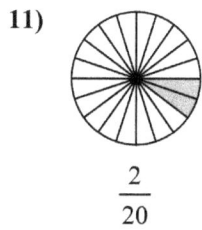
$$\frac{2}{20}$$

12)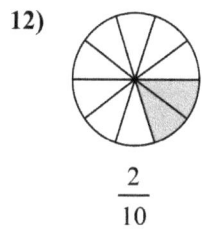
$$\frac{2}{10}$$

A)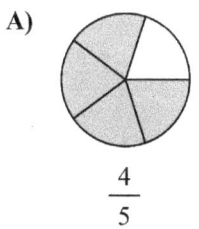
$$\frac{4}{5}$$

B)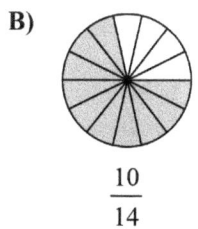
$$\frac{10}{14}$$

C)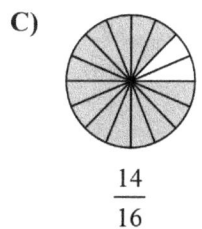
$$\frac{14}{16}$$

D)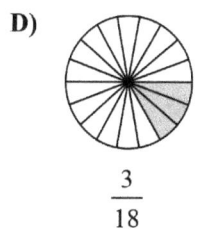
$$\frac{3}{18}$$

E)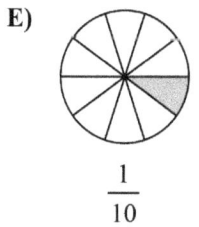
$$\frac{1}{10}$$

F)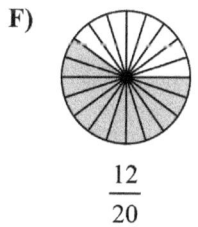
$$\frac{12}{20}$$

G)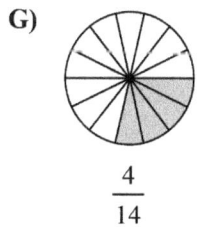
$$\frac{4}{14}$$

H)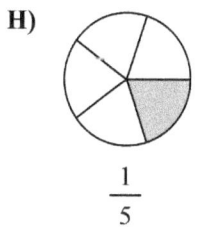
$$\frac{1}{5}$$

I)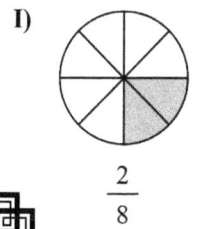
$$\frac{2}{8}$$

J)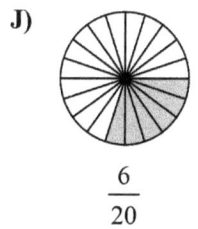
$$\frac{6}{20}$$

K)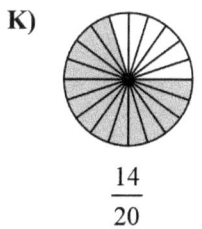
$$\frac{14}{20}$$

L)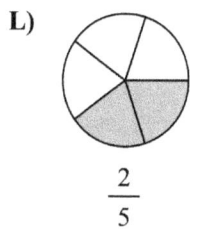
$$\frac{2}{5}$$

1. _____

2. _____

3. _____

4. _____

5. _____

6. _____

7. _____

8. _____

9. _____

10. _____

11. _____

12. _____

1) $\frac{3}{10}$ 2) $\frac{6}{16}$ 3) $\frac{3}{5}$ 4) $\frac{1}{6}$

5) $\frac{3}{7}$ 6) $\frac{1}{7}$ 7) $\frac{9}{10}$ 8) $\frac{2}{7}$

9) $\frac{12}{16}$ 10) $\frac{1}{4}$ 11) $\frac{14}{20}$ 12) $\frac{2}{20}$

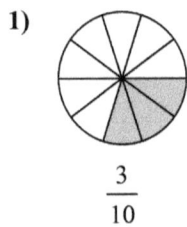

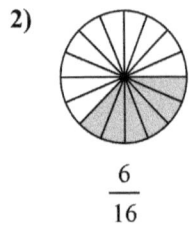

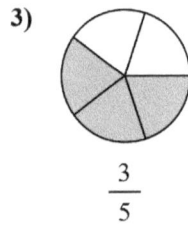

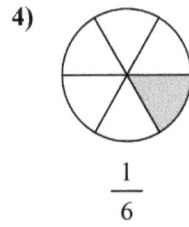

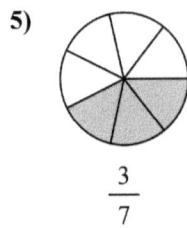

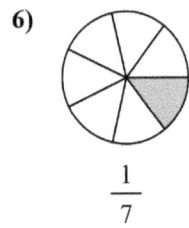

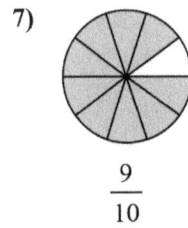

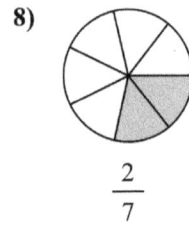

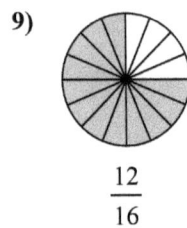

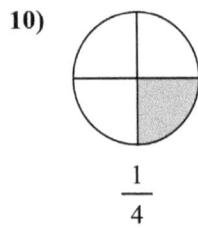

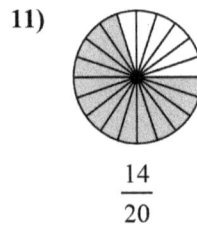

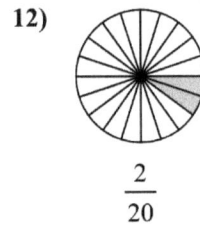

1. _____
2. _____
3. _____
4. _____
5. _____
6. _____
7. _____
8. _____
9. _____
10. _____
11. _____
12. _____

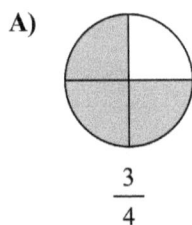

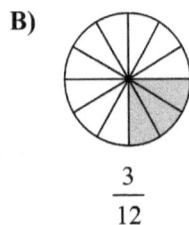

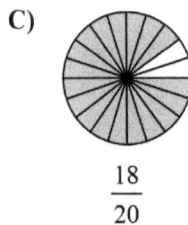

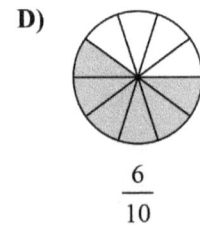

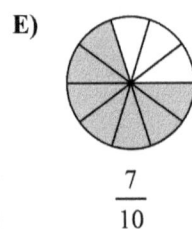

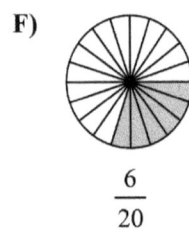

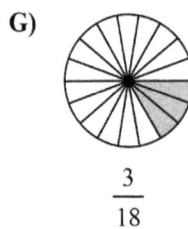

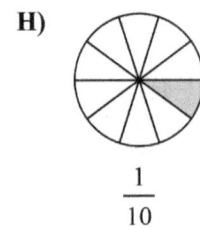

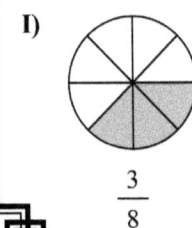

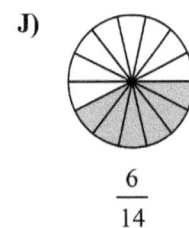

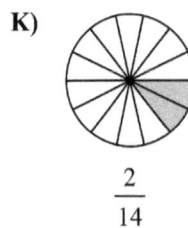

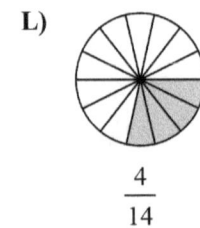

A) $\frac{3}{4}$ B) $\frac{3}{12}$ C) $\frac{18}{20}$ D) $\frac{6}{10}$

E) $\frac{7}{10}$ F) $\frac{6}{20}$ G) $\frac{3}{18}$ H) $\frac{1}{10}$

I) $\frac{3}{8}$ J) $\frac{6}{14}$ K) $\frac{2}{14}$ L) $\frac{4}{14}$

58

1)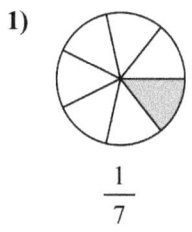
$$\frac{1}{7}$$

2)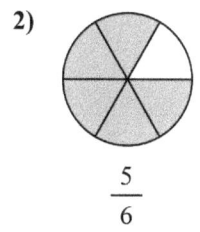
$$\frac{5}{6}$$

3)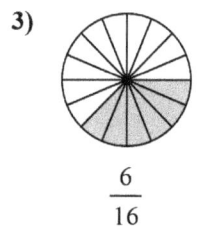
$$\frac{6}{16}$$

4)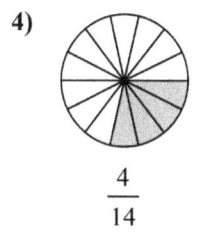
$$\frac{4}{14}$$

5)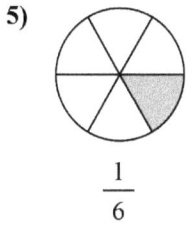
$$\frac{1}{6}$$

6)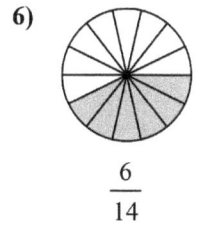
$$\frac{6}{14}$$

7)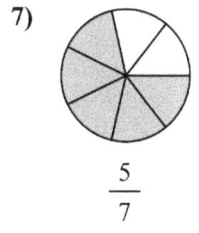
$$\frac{5}{7}$$

8)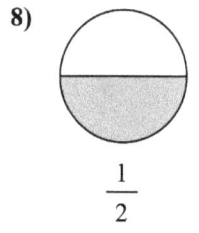
$$\frac{1}{2}$$

9)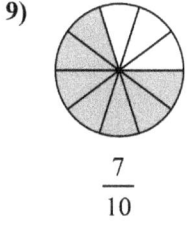
$$\frac{7}{10}$$

10)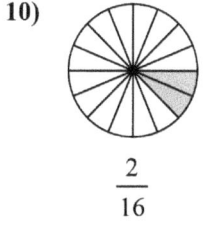
$$\frac{2}{16}$$

11)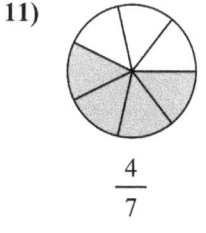
$$\frac{4}{7}$$

12)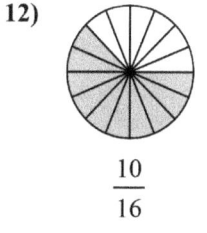
$$\frac{10}{16}$$

1. _____
2. _____
3. _____
4. _____
5. _____
6. _____
7. _____
8. _____
9. _____
10. _____
11. _____
12. _____

A)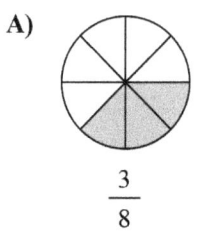
$$\frac{3}{8}$$

B)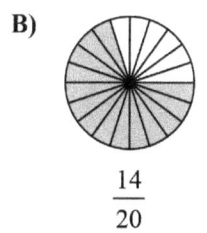
$$\frac{14}{20}$$

C)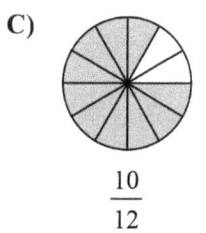
$$\frac{10}{12}$$

D)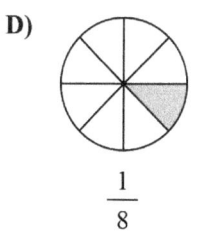
$$\frac{1}{8}$$

E)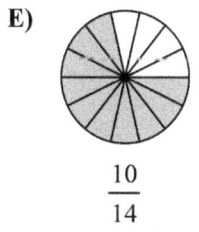
$$\frac{10}{14}$$

F)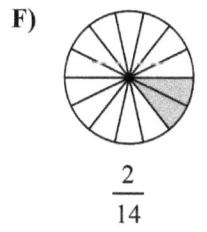
$$\frac{2}{14}$$

G)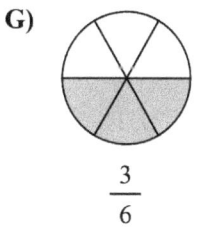
$$\frac{3}{6}$$

H)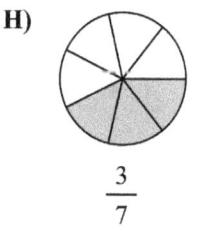
$$\frac{3}{7}$$

I)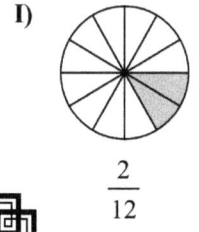
$$\frac{2}{12}$$

J)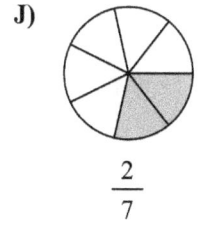
$$\frac{2}{7}$$

K)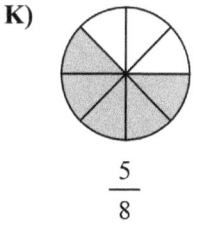
$$\frac{5}{8}$$

L)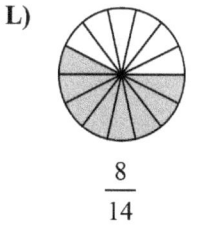
$$\frac{8}{14}$$

1) $\dfrac{1}{6}$

2) $\dfrac{3}{7}$

3) $\dfrac{3}{8}$

4) $\dfrac{2}{7}$

5) $\dfrac{5}{20}$

6) $\dfrac{7}{8}$

7) $\dfrac{2}{14}$

8) $\dfrac{10}{14}$

9) $\dfrac{1}{5}$

10) $\dfrac{6}{7}$

11) $\dfrac{5}{6}$

12) $\dfrac{3}{5}$

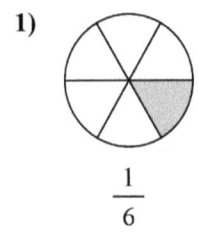

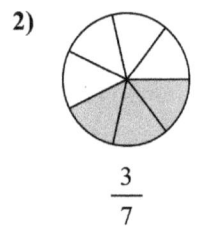

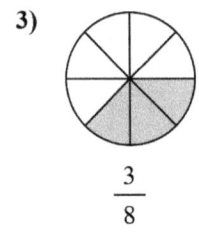

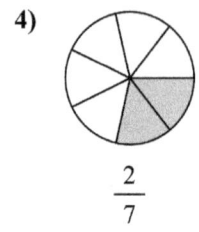

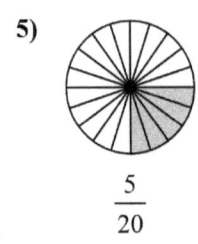

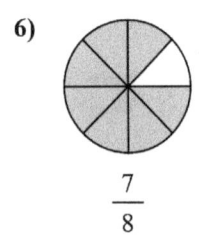

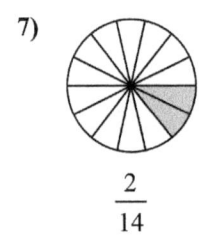

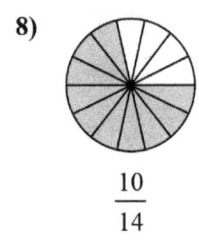

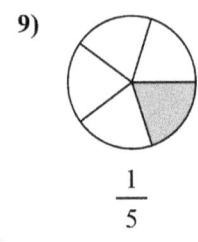

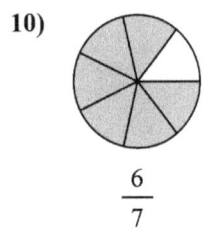

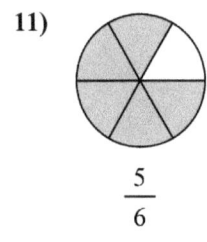

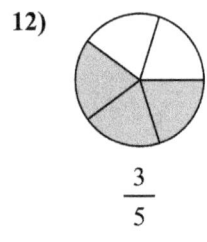

1. _____
2. _____
3. _____
4. _____
5. _____
6. _____
7. _____
8. _____
9. _____
10. _____
11. _____
12. _____

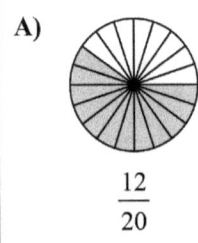

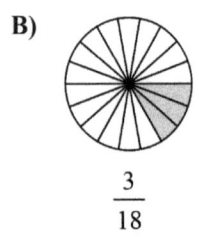

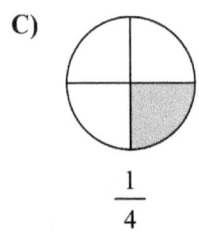

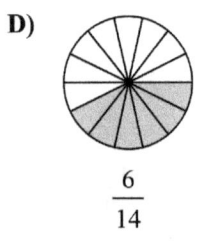

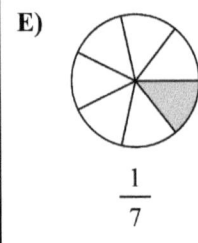

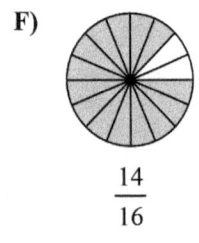

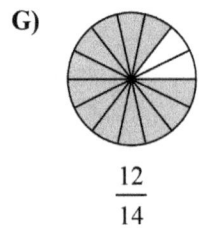

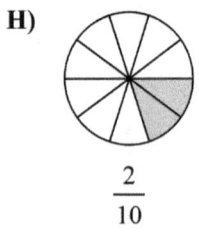

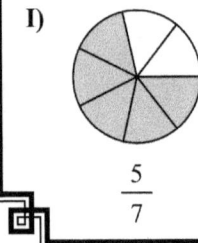

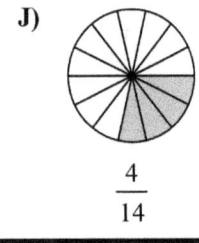

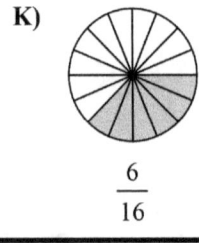

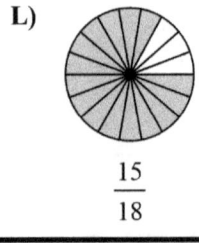

A) $\dfrac{12}{20}$

B) $\dfrac{3}{18}$

C) $\dfrac{1}{4}$

D) $\dfrac{6}{14}$

E) $\dfrac{1}{7}$

F) $\dfrac{14}{16}$

G) $\dfrac{12}{14}$

H) $\dfrac{2}{10}$

I) $\dfrac{5}{7}$

J) $\dfrac{4}{14}$

K) $\dfrac{6}{16}$

L) $\dfrac{15}{18}$

1)

$\dfrac{6}{14}$

2)

$\dfrac{14}{20}$

3)

$\dfrac{1}{6}$

4)

$\dfrac{2}{20}$

5)

$\dfrac{1}{2}$

6)

$\dfrac{2}{16}$

7)

$\dfrac{3}{5}$

8)

$\dfrac{3}{8}$

9)

$\dfrac{2}{8}$

10)

$\dfrac{4}{14}$

11)

$\dfrac{15}{18}$

12)

$\dfrac{5}{8}$

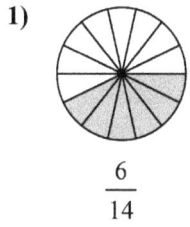

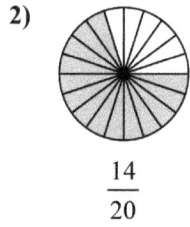

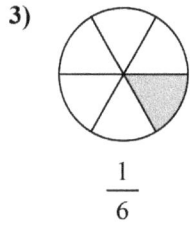

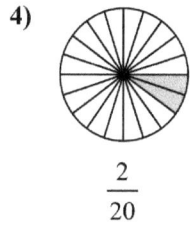

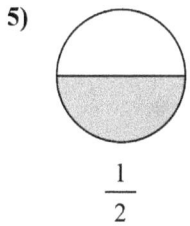

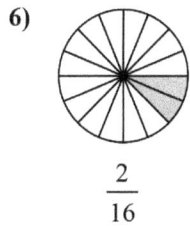

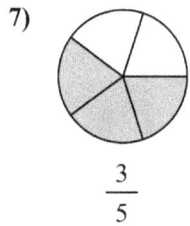

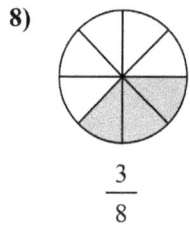

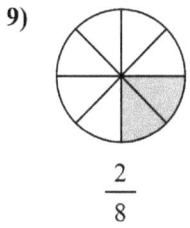

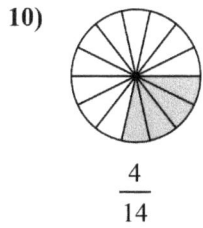

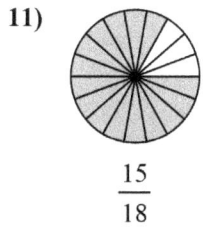

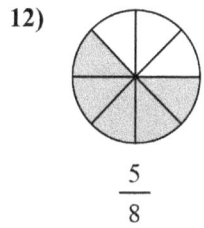

1. _____
2. _____
3. _____
4. _____
5. _____
6. _____
7. _____
8. _____
9. _____
10. _____
11. _____
12. _____

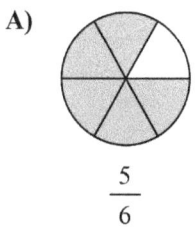

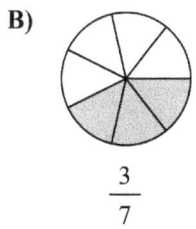

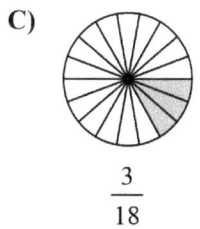

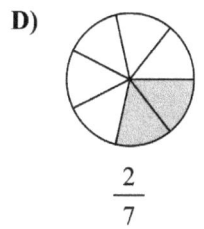

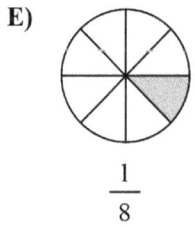

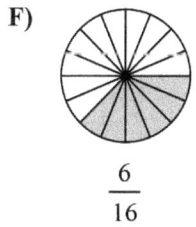

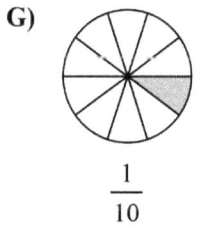

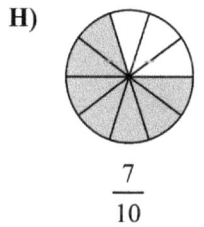

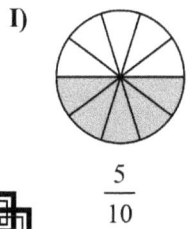

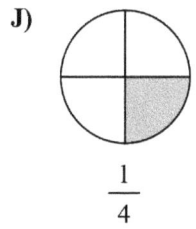

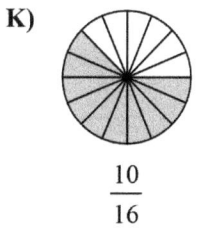

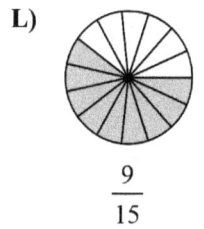

A)

$\dfrac{5}{6}$

B)

$\dfrac{3}{7}$

C)

$\dfrac{3}{18}$

D)

$\dfrac{2}{7}$

E)

$\dfrac{1}{8}$

F)

$\dfrac{6}{16}$

G)

$\dfrac{1}{10}$

H)

$\dfrac{7}{10}$

I)

$\dfrac{5}{10}$

J)

$\dfrac{1}{4}$

K)

$\dfrac{10}{16}$

L)

$\dfrac{9}{15}$

CLÉ DE RÉPONSE

1

1. $\dfrac{2}{8}$
2. $\dfrac{1}{3}$
3. $\dfrac{4}{8}$
4. $\dfrac{5}{6}$
5. $\dfrac{2}{4}$
6. $\dfrac{2}{6}$
7. $\dfrac{3}{4}$
8. $\dfrac{4}{6}$
9. $\dfrac{7}{8}$
10. $\dfrac{3}{8}$

2

1. $\dfrac{5}{6}$
2. $\dfrac{2}{4}$
3. $\dfrac{2}{6}$
4. $\dfrac{1}{6}$
5. $\dfrac{3}{4}$
6. $\dfrac{1}{4}$
7. $\dfrac{6}{8}$
8. $\dfrac{2}{8}$
9. $\dfrac{3}{8}$
10. $\dfrac{1}{3}$

3

1. $\dfrac{1}{4}$
2. $\dfrac{1}{3}$
3. $\dfrac{3}{4}$
4. $\dfrac{1}{2}$
5. $\dfrac{2}{8}$
6. $\dfrac{3}{6}$
7. $\dfrac{2}{6}$
8. $\dfrac{1}{6}$
9. $\dfrac{1}{8}$
10. $\dfrac{3}{8}$

4

1. $\dfrac{1}{2}$
2. $\dfrac{5}{6}$
3. $\dfrac{2}{4}$
4. $\dfrac{1}{8}$
5. $\dfrac{1}{4}$
6. $\dfrac{6}{8}$
7. $\dfrac{3}{8}$
8. $\dfrac{2}{3}$
9. $\dfrac{4}{6}$
10. $\dfrac{7}{8}$

5

1. $\frac{2}{8}$ _____
2. $\frac{3}{4}$ _____
3. $\frac{3}{8}$ _____
4. $\frac{5}{6}$ _____
5. $\frac{1}{3}$ _____
6. $\frac{7}{8}$ _____
7. $\frac{4}{8}$ _____
8. $\frac{2}{6}$ _____
9. $\frac{4}{6}$ _____
10. $\frac{6}{8}$ _____

6

1. $\frac{3}{8}$ _____
2. $\frac{3}{4}$ _____
3. $\frac{1}{8}$ _____
4. $\frac{2}{3}$ _____
5. $\frac{1}{2}$ _____
6. $\frac{4}{6}$ _____
7. $\frac{4}{8}$ _____
8. $\frac{3}{6}$ _____
9. $\frac{2}{4}$ _____
10. $\frac{1}{3}$ _____

7

1. $\frac{7}{8}$ _____
2. $\frac{3}{6}$ _____
3. $\frac{4}{8}$ _____
4. $\frac{1}{4}$ _____
5. $\frac{5}{6}$ _____
6. $\frac{3}{8}$ _____
7. $\frac{2}{4}$ _____
8. $\frac{1}{3}$ _____
9. $\frac{5}{8}$ _____
10. $\frac{2}{6}$ _____

8

1. $\frac{4}{6}$ _____
2. $\frac{2}{4}$ _____
3. $\frac{5}{8}$ _____
4. $\frac{2}{3}$ _____
5. $\frac{3}{8}$ _____
6. $\frac{1}{2}$ _____
7. $\frac{2}{6}$ _____
8. $\frac{5}{6}$ _____
9. $\frac{1}{3}$ _____
10. $\frac{1}{6}$ _____

9

1. $\frac{4}{8}$
2. $\frac{3}{8}$
3. $\frac{5}{8}$
4. $\frac{2}{6}$
5. $\frac{1}{8}$
6. $\frac{1}{6}$
7. $\frac{4}{6}$
8. $\frac{1}{3}$
9. $\frac{6}{8}$
10. $\frac{5}{6}$

10

1. $\frac{2}{4}$
2. $\frac{3}{8}$
3. $\frac{1}{8}$
4. $\frac{1}{4}$
5. $\frac{1}{3}$
6. $\frac{1}{2}$
7. $\frac{3}{4}$
8. $\frac{5}{6}$
9. $\frac{6}{8}$
10. $\frac{3}{6}$

11

1. A,B,D
2. D
3. B
4. B,D
5. B,C
6. A
7. B,C
8. A,B,C,D

12

1. A,B,C,D
2. A
3. B
4. A,B
5. B,C
6. A,B,C
7. A,B,D
8. A,B,C,D

13

1. none
2. B,C,D
3. C,D
4. A,D
5. none
6. B
7. none
8. A

14

1. A,B,D
2. B,C,D
3. A
4. B,C,D
5. D
6. A,B,C,D
7. A
8. A,B,C,D

15

1. B
2. A,B,C,D
3. A,B
4. A,B,C,D
5. A,B,C,D
6. A,B,C
7. none
8. B,D

16

1. B,C
2. none
3. A,C,D
4. A,B,C,D
5. B,C
6. A,B,C,D
7. A,C
8. B,D

17

1. A,B,C
2. A,B,C,D
3. B,C,D
4. none
5. A,B,C,D
6. A,B,C,D
7. none
8. none

18

1. A,B,D
2. none
3. none
4. A,B,D
5. C,D
6. A,B,C,D
7. A,C,D
8. D

19

1. A,B,C,D
2. A,C,D
3. A
4. C
5. A,C
6. A,B,D
7. C
8. B,C,D

20

1. A,B,C
2. A,B
3. A
4. B,C
5. A,D
6. A,B,C
7. B,D
8. D

21

1. $\frac{3}{8} + \frac{2}{8} = \frac{5}{8}$
2. $\frac{3}{10} + \frac{5}{10} = \frac{8}{10}$
3. $\frac{2}{8} + \frac{1}{8} = \frac{3}{8}$
4. $\frac{2}{5} + \frac{2}{5} = \frac{4}{5}$
5. $\frac{2}{6} + \frac{1}{6} = \frac{3}{6}$
6. $\frac{4}{10} + \frac{5}{10} = \frac{9}{10}$
7. $\frac{3}{6} + \frac{1}{6} = \frac{4}{6}$
8. $\frac{3}{8} + \frac{4}{8} = \frac{7}{8}$
9. $\frac{1}{6} + \frac{4}{6} = \frac{5}{6}$
10. $\frac{4}{12} + \frac{1}{12} = \frac{5}{12}$

22

1. $\frac{3}{4} + \frac{1}{4} = \frac{4}{4}$
2. $\frac{2}{5} + \frac{1}{5} = \frac{3}{5}$
3. $\frac{4}{6} + \frac{1}{6} = \frac{5}{6}$
4. $\frac{3}{8} + \frac{1}{8} = \frac{4}{8}$
5. $\frac{2}{4} + \frac{1}{4} = \frac{3}{4}$
6. $\frac{3}{10} + \frac{2}{10} = \frac{5}{10}$
7. $\frac{4}{8} + \frac{2}{8} = \frac{6}{8}$
8. $\frac{1}{5} + \frac{3}{5} = \frac{4}{5}$
9. $\frac{7}{10} + \frac{2}{10} = \frac{9}{10}$
10. $\frac{1}{3} + \frac{1}{3} = \frac{2}{3}$

23

1. $\frac{2}{4} + \frac{2}{4} = \frac{4}{4}$
2. $\frac{5}{12} + \frac{5}{12} = \frac{10}{12}$
3. $\frac{6}{10} + \frac{3}{10} = \frac{9}{10}$
4. $\frac{2}{6} + \frac{2}{6} = \frac{4}{6}$
5. $\frac{4}{6} + \frac{1}{6} = \frac{5}{6}$
6. $\frac{1}{5} + \frac{1}{5} = \frac{2}{5}$
7. $\frac{2}{12} + \frac{6}{12} = \frac{8}{12}$
8. $\frac{1}{3} + \frac{1}{3} = \frac{2}{3}$
9. $\frac{2}{8} + \frac{1}{8} = \frac{3}{8}$
10. $\frac{4}{8} + \frac{1}{8} = \frac{5}{8}$

24

1. $\frac{2}{4} + \frac{1}{4} = \frac{3}{4}$
2. $\frac{7}{12} + \frac{1}{12} = \frac{8}{12}$
3. $\frac{2}{10} + \frac{3}{10} = \frac{5}{10}$
4. $\frac{1}{5} + \frac{1}{5} = \frac{2}{5}$
5. $\frac{2}{5} + \frac{2}{5} = \frac{4}{5}$
6. $\frac{1}{4} + \frac{1}{4} = \frac{2}{4}$
7. $\frac{1}{8} + \frac{3}{8} = \frac{4}{8}$
8. $\frac{1}{6} + \frac{4}{6} = \frac{5}{6}$
9. $\frac{4}{12} + \frac{6}{12} = \frac{10}{12}$
10. $\frac{2}{12} + \frac{7}{12} = \frac{9}{12}$

25

1)
2)
3)
4)
5)
6)
7)
8)
9)
10)

1. $\dfrac{4}{8} + \dfrac{2}{8} = \dfrac{6}{8}$

2. $\dfrac{3}{6} + \dfrac{2}{6} = \dfrac{5}{6}$

3. $\dfrac{2}{4} + \dfrac{1}{4} = \dfrac{3}{4}$

4. $\dfrac{2}{5} + \dfrac{2}{5} = \dfrac{4}{5}$

5. $\dfrac{2}{5} + \dfrac{1}{5} = \dfrac{3}{5}$

6. $\dfrac{1}{8} + \dfrac{2}{8} = \dfrac{3}{8}$

7. $\dfrac{1}{4} + \dfrac{1}{4} = \dfrac{2}{4}$

8. $\dfrac{1}{3} + \dfrac{1}{3} = \dfrac{2}{3}$

9. $\dfrac{6}{10} + \dfrac{3}{10} = \dfrac{9}{10}$

10. $\dfrac{10}{12} + \dfrac{1}{12} = \dfrac{11}{12}$

26

1)
2)
3)
4)
5)
6)
7)
8)
9)
10)

1. $\dfrac{6}{12} + \dfrac{2}{12} = \dfrac{8}{12}$

2. $\dfrac{3}{8} + \dfrac{3}{8} = \dfrac{6}{8}$

3. $\dfrac{2}{4} + \dfrac{1}{4} = \dfrac{3}{4}$

4. $\dfrac{1}{5} + \dfrac{2}{5} = \dfrac{3}{5}$

5. $\dfrac{4}{10} + \dfrac{2}{10} = \dfrac{6}{10}$

6. $\dfrac{2}{5} + \dfrac{2}{5} = \dfrac{4}{5}$

7. $\dfrac{4}{6} + \dfrac{1}{6} = \dfrac{5}{6}$

8. $\dfrac{2}{12} + \dfrac{5}{12} = \dfrac{7}{12}$

9. $\dfrac{1}{4} + \dfrac{1}{4} = \dfrac{2}{4}$

10. $\dfrac{1}{6} + \dfrac{3}{6} = \dfrac{4}{6}$

27

1)
2)
3)
4)
5)
6)
7)
8)
9)
10)

1. $\dfrac{9}{12} + \dfrac{2}{12} = \dfrac{11}{12}$

2. $\dfrac{3}{5} + \dfrac{1}{5} = \dfrac{4}{5}$

3. $\dfrac{1}{6} + \dfrac{3}{6} = \dfrac{4}{6}$

4. $\dfrac{4}{6} + \dfrac{1}{6} = \dfrac{5}{6}$

5. $\dfrac{8}{12} + \dfrac{1}{12} = \dfrac{9}{12}$

6. $\dfrac{5}{12} + \dfrac{1}{12} = \dfrac{6}{12}$

7. $\dfrac{1}{6} + \dfrac{1}{6} = \dfrac{2}{6}$

8. $\dfrac{2}{10} + \dfrac{3}{10} = \dfrac{5}{10}$

9. $\dfrac{2}{8} + \dfrac{5}{8} = \dfrac{7}{8}$

10. $\dfrac{1}{5} + \dfrac{1}{5} = \dfrac{2}{5}$

28

1)
2)
3)
4)
5)
6)
7)
8)
9)
10)

1. $\dfrac{1}{5} + \dfrac{2}{5} = \dfrac{3}{5}$

2. $\dfrac{1}{6} + \dfrac{2}{6} = \dfrac{3}{6}$

3. $\dfrac{5}{12} + \dfrac{3}{12} = \dfrac{8}{12}$

4. $\dfrac{6}{10} + \dfrac{1}{10} = \dfrac{7}{10}$

5. $\dfrac{1}{6} + \dfrac{3}{6} = \dfrac{4}{6}$

6. $\dfrac{3}{12} + \dfrac{1}{12} = \dfrac{4}{12}$

7. $\dfrac{4}{8} + \dfrac{3}{8} = \dfrac{7}{8}$

8. $\dfrac{5}{8} + \dfrac{1}{8} = \dfrac{6}{8}$

9. $\dfrac{1}{4} + \dfrac{1}{4} = \dfrac{2}{4}$

10. $\dfrac{4}{6} + \dfrac{1}{6} = \dfrac{5}{6}$

29

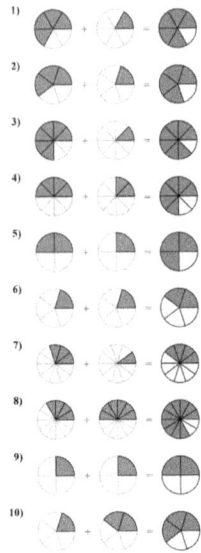

1. $\dfrac{4}{6} + \dfrac{1}{6} = \dfrac{5}{6}$

2. $\dfrac{3}{5} + \dfrac{1}{5} = \dfrac{4}{5}$

3. $\dfrac{6}{8} + \dfrac{1}{8} = \dfrac{7}{8}$

4. $\dfrac{4}{8} + \dfrac{2}{8} = \dfrac{6}{8}$

5. $\dfrac{2}{4} + \dfrac{1}{4} = \dfrac{3}{4}$

6. $\dfrac{1}{5} + \dfrac{1}{5} = \dfrac{2}{5}$

7. $\dfrac{3}{10} + \dfrac{1}{10} = \dfrac{4}{10}$

8. $\dfrac{4}{12} + \dfrac{6}{12} = \dfrac{10}{12}$

9. $\dfrac{1}{4} + \dfrac{1}{4} = \dfrac{2}{4}$

10. $\dfrac{1}{5} + \dfrac{2}{5} = \dfrac{3}{5}$

30

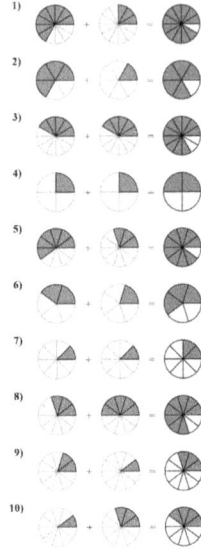

1. $\dfrac{8}{12} + \dfrac{3}{12} = \dfrac{11}{12}$

2. $\dfrac{4}{6} + \dfrac{1}{6} = \dfrac{5}{6}$

3. $\dfrac{5}{12} + \dfrac{5}{12} = \dfrac{10}{12}$

4. $\dfrac{1}{4} + \dfrac{1}{4} = \dfrac{2}{4}$

5. $\dfrac{6}{10} + \dfrac{3}{10} = \dfrac{9}{10}$

6. $\dfrac{2}{5} + \dfrac{1}{5} = \dfrac{3}{5}$

7. $\dfrac{1}{8} + \dfrac{1}{8} = \dfrac{2}{8}$

8. $\dfrac{3}{10} + \dfrac{5}{10} = \dfrac{8}{10}$

9. $\dfrac{2}{10} + \dfrac{1}{10} = \dfrac{3}{10}$

10. $\dfrac{1}{10} + \dfrac{3}{10} = \dfrac{4}{10}$

31

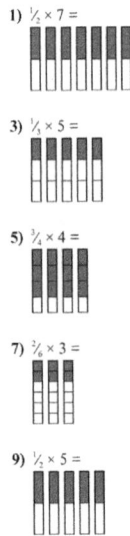
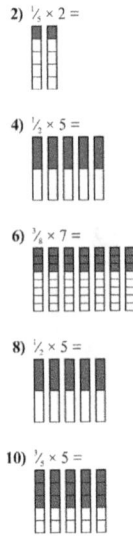

1) $\frac{1}{2} \times 7 =$

2) $\frac{1}{5} \times 2 =$

3) $\frac{1}{4} \times 5 =$

4) $\frac{1}{2} \times 5 =$

5) $\frac{3}{4} \times 4 =$

6) $\frac{3}{8} \times 7 =$

7) $\frac{2}{6} \times 3 =$

8) $\frac{1}{2} \times 5 =$

9) $\frac{1}{2} \times 5 =$

10) $\frac{1}{2} \times 5 =$

1. $\dfrac{7}{2}$

2. $\dfrac{2}{5}$

3. $\dfrac{5}{3}$

4. $\dfrac{5}{2}$

5. $\dfrac{12}{4}$

6. $\dfrac{21}{8}$

7. $\dfrac{6}{6}$

8. $\dfrac{5}{2}$

9. $\dfrac{5}{2}$

10. $\dfrac{15}{5}$

32

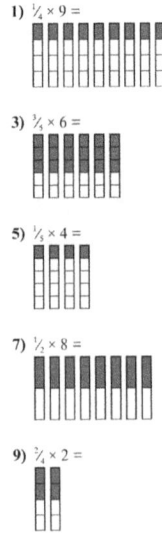
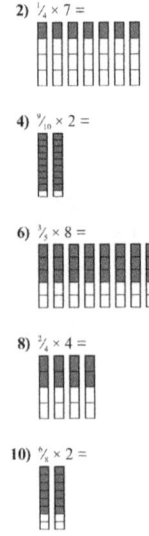

1) $\frac{1}{4} \times 9 =$

2) $\frac{1}{4} \times 7 =$

3) $\frac{3}{4} \times 6 =$

4) $\frac{9}{10} \times 2 =$

5) $\frac{1}{3} \times 4 =$

6) $\frac{1}{5} \times 8 =$

7) $\frac{1}{2} \times 8 =$

8) $\frac{3}{4} \times 4 =$

9) $\frac{2}{4} \times 2 =$

10) $\frac{9}{8} \times 2 =$

1. $\dfrac{9}{4}$

2. $\dfrac{7}{4}$

3. $\dfrac{18}{5}$

4. $\dfrac{18}{10}$

5. $\dfrac{4}{5}$

6. $\dfrac{24}{5}$

7. $\dfrac{8}{2}$

8. $\dfrac{8}{4}$

9. $\dfrac{4}{4}$

10. $\dfrac{12}{8}$

33

1) $\frac{9}{10} \times 6 =$ 2) $\frac{5}{8} \times 7 =$

3) $\frac{2}{3} \times 4 =$ 4) $\frac{3}{6} \times 5 =$

5) $\frac{2}{3} \times 5 =$ 6) $\frac{1}{4} \times 5 =$

7) $\frac{9}{10} \times 8 =$ 8) $\frac{2}{8} \times 9 =$

9) $\frac{2}{4} \times 4 =$ 10) $\frac{2}{4} \times 7 =$

1. $\frac{54}{10}$
2. $\frac{49}{8}$
3. $\frac{8}{3}$
4. $\frac{25}{6}$
5. $\frac{10}{3}$
6. $\frac{5}{8}$
7. $\frac{72}{10}$
8. $\frac{18}{8}$
9. $\frac{12}{5}$
10. $\frac{14}{4}$

34

1) $\frac{2}{3} \times 9 =$ 2) $\frac{7}{10} \times 7 =$

3) $\frac{9}{10} \times 2 =$ 4) $\frac{2}{3} \times 7 =$

5) $\frac{1}{3} \times 5 =$ 6) $\frac{2}{8} \times 7 =$

7) $\frac{2}{3} \times 9 =$ 8) $\frac{1}{3} \times 3 =$

9) $\frac{1}{2} \times 5 =$ 10) $\frac{2}{4} \times 9 =$

1. $\frac{18}{3}$
2. $\frac{49}{10}$
3. $\frac{12}{10}$
4. $\frac{14}{3}$
5. $\frac{5}{3}$
6. $\frac{14}{8}$
7. $\frac{18}{5}$
8. $\frac{3}{3}$
9. $\frac{5}{2}$
10. $\frac{27}{4}$

35

1) $\frac{1}{4} \times 7 =$ 2) $\frac{6}{8} \times 9 =$

3) $\frac{2}{4} \times 3 =$ 4) $\frac{2}{6} \times 9 =$

5) $\frac{1}{2} \times 9 =$ 6) $\frac{1}{3} \times 6 =$

7) $\frac{1}{8} \times 3 =$ 8) $\frac{2}{5} \times 5 =$

9) $\frac{2}{6} \times 4 =$ 10) $\frac{1}{2} \times 6 =$

1. $\frac{7}{4}$
2. $\frac{54}{8}$
3. $\frac{21}{8}$
4. $\frac{18}{6}$
5. $\frac{9}{2}$
6. $\frac{6}{3}$
7. $\frac{3}{8}$
8. $\frac{10}{5}$
9. $\frac{20}{6}$
10. $\frac{6}{2}$

36

1) $\frac{2}{4} \times 5 =$ 2) $\frac{2}{6} \times 8 =$

3) $\frac{5}{6} \times 5 =$ 4) $\frac{1}{2} \times 6 =$

5) $\frac{2}{6} \times 9 =$ 6) $\frac{2}{3} \times 3 =$

7) $\frac{2}{3} \times 5 =$ 8) $\frac{2}{4} \times 3 =$

9) $\frac{5}{10} \times 3 =$ 10) $\frac{2}{6} \times 8 =$

1. $\frac{25}{6}$
2. $\frac{16}{6}$
3. $\frac{25}{6}$
4. $\frac{6}{2}$
5. $\frac{18}{6}$
6. $\frac{6}{3}$
7. $\frac{10}{3}$
8. $\frac{9}{4}$
9. $\frac{15}{10}$
10. $\frac{24}{6}$

37

1) $\frac{1}{2} \times 4 =$

2) $\frac{1}{5} \times 8 =$

3) $\frac{7}{8} \times 8 =$

4) $\frac{6}{10} \times 5 =$

5) $\frac{2}{3} \times 3 =$

6) $\frac{6}{8} \times 5 =$

7) $\frac{5}{8} \times 4 =$

8) $\frac{1}{2} \times 8 =$

9) $\frac{5}{8} \times 8 =$

10) $\frac{6}{8} \times 7 =$

1. $\frac{4}{2}$

2. $\frac{8}{5}$

3. $\frac{56}{8}$

4. $\frac{30}{10}$

5. $\frac{6}{3}$

6. $\frac{30}{8}$

7. $\frac{20}{8}$

8. $\frac{8}{3}$

9. $\frac{24}{8}$

10. $\frac{42}{8}$

38

1) $\frac{1}{10} \times 9 =$

2) $\frac{3}{10} \times 6 =$

3) $\frac{2}{3} \times 4 =$

4) $\frac{4}{6} \times 8 =$

5) $\frac{3}{4} \times 9 =$

6) $\frac{1}{3} \times 3 =$

7) $\frac{1}{3} \times 7 =$

8) $\frac{3}{10} \times 3 =$

9) $\frac{3}{4} \times 8 =$

10) $\frac{1}{2} \times 5 =$

1. $\frac{9}{10}$

2. $\frac{18}{10}$

3. $\frac{12}{5}$

4. $\frac{32}{6}$

5. $\frac{27}{4}$

6. $\frac{9}{5}$

7. $\frac{7}{3}$

8. $\frac{9}{10}$

9. $\frac{24}{6}$

10. $\frac{5}{2}$

39

1) $\frac{4}{6} \times 9 =$

2) $\frac{2}{10} \times 2 =$

3) $\frac{4}{6} \times 4 =$

4) $\frac{4}{6} \times 4 =$

5) $\frac{1}{2} \times 7 =$

6) $\frac{1}{2} \times 2 =$

7) $\frac{2}{4} \times 6 =$

8) $\frac{2}{3} \times 8 =$

9) $\frac{2}{4} \times 8 =$

10) $\frac{4}{6} \times 6 =$

1. $\frac{36}{6}$

2. $\frac{4}{10}$

3. $\frac{16}{8}$

4. $\frac{16}{8}$

5. $\frac{7}{2}$

6. $\frac{2}{2}$

7. $\frac{12}{4}$

8. $\frac{16}{3}$

9. $\frac{16}{4}$

10. $\frac{24}{6}$

40

1) $\frac{1}{5} \times 3 =$

2) $\frac{2}{8} \times 9 =$

3) $\frac{3}{4} \times 4 =$

4) $\frac{3}{4} \times 3 =$

5) $\frac{2}{3} \times 3 =$

6) $\frac{1}{3} \times 3 =$

7) $\frac{1}{6} \times 7 =$

8) $\frac{3}{4} \times 6 =$

9) $\frac{3}{4} \times 3 =$

10) $\frac{5}{8} \times 5 =$

1. $\frac{3}{5}$

2. $\frac{18}{8}$

3. $\frac{12}{4}$

4. $\frac{6}{4}$

5. $\frac{6}{3}$

6. $\frac{3}{2}$

7. $\frac{7}{6}$

8. $\frac{18}{4}$

9. $\frac{9}{8}$

10. $\frac{25}{8}$

41

1. $\dfrac{4}{8}$

2. $\dfrac{2}{8}$

3. $\dfrac{3}{8}$

4. $\dfrac{3}{6}$

5. $\dfrac{1}{3}$

6. $\dfrac{6}{8}$

7. $\dfrac{2}{6}$

8. $\dfrac{1}{4}$

9. $\dfrac{3}{8}$

10. $\dfrac{1}{3}$

42

1. $\dfrac{1}{6}$

2. $\dfrac{6}{8}$

3. $\dfrac{3}{6}$

4. $\dfrac{5}{8}$

5. $\dfrac{5}{8}$

6. $\dfrac{1}{3}$

7. $\dfrac{2}{3}$

8. $\dfrac{5}{8}$

9. $\dfrac{3}{6}$

10. $\dfrac{3}{8}$

43

1. $\dfrac{2}{6}$

2. $\dfrac{1}{6}$

3. $\dfrac{1}{3}$

4. $\dfrac{3}{4}$

5. $\dfrac{3}{8}$

6. $\dfrac{2}{3}$

7. $\dfrac{1}{2}$

8. $\dfrac{2}{8}$

9. $\dfrac{3}{8}$

10. $\dfrac{3}{6}$

44

1. $\dfrac{2}{3}$

2. $\dfrac{1}{2}$

3. $\dfrac{1}{3}$

4. $\dfrac{2}{6}$

5. $\dfrac{2}{3}$

6. $\dfrac{3}{6}$

7. $\dfrac{1}{4}$

8. $\dfrac{1}{2}$

9. $\dfrac{3}{4}$

10. $\dfrac{1}{4}$

45

1. $\frac{2}{8}$
2. $\frac{3}{4}$
3. $\frac{2}{3}$
4. $\frac{2}{6}$
5. $\frac{3}{6}$
6. $\frac{5}{8}$
7. $\frac{1}{6}$
8. $\frac{2}{3}$
9. $\frac{1}{6}$
10. $\frac{5}{8}$

46

1. $\frac{2}{4}$
2. $\frac{5}{8}$
3. $\frac{2}{8}$
4. $\frac{3}{4}$
5. $\frac{3}{8}$
6. $\frac{2}{3}$
7. $\frac{4}{8}$
8. $\frac{4}{8}$
9. $\frac{2}{6}$
10. $\frac{1}{6}$

47

1. $\frac{3}{8}$
2. $\frac{2}{4}$
3. $\frac{1}{4}$
4. $\frac{3}{8}$
5. $\frac{1}{6}$
6. $\frac{3}{4}$
7. $\frac{3}{8}$
8. $\frac{3}{8}$
9. $\frac{3}{6}$
10. $\frac{1}{3}$

48

1. $\frac{3}{4}$
2. $\frac{3}{8}$
3. $\frac{3}{8}$
4. $\frac{2}{6}$
5. $\frac{2}{4}$
6. $\frac{2}{6}$
7. $\frac{3}{6}$
8. $\frac{1}{3}$
9. $\frac{4}{8}$
10. $\frac{2}{3}$

49

1. $\frac{5}{8}$
2. $\frac{1}{2}$
3. $\frac{6}{8}$
4. $\frac{6}{8}$
5. $\frac{1}{3}$
6. $\frac{1}{6}$
7. $\frac{3}{4}$
8. $\frac{1}{2}$
9. $\frac{2}{3}$
10. $\frac{5}{8}$

50

1. $\frac{5}{8}$
2. $\frac{3}{8}$
3. $\frac{5}{8}$
4. $\frac{2}{4}$
5. $\frac{3}{4}$
6. $\frac{2}{3}$
7. $\frac{3}{8}$
8. $\frac{2}{3}$
9. $\frac{4}{6}$
10. $\frac{1}{4}$

51

1. I
2. A
3. B
4. C
5. F
6. K
7. E
8. G
9. D
10. H
11. J
12. L

52

1. E
2. A
3. I
4. J
5. F
6. D
7. G
8. C
9. B
10. L
11. H
12. K

53

1. D
2. F
3. I
4. K
5. A
6. B
7. L
8. J
9. C
10. H
11. E
12. G

54

1. L
2. A
3. K
4. J
5. B
6. D
7. G
8. C
9. I
10. F
11. E
12. H

55

1. J
2. I
3. A
4. L
5. K
6. H
7. G
8. C
9. D
10. F
11. B
12. E

56

1. C
2. J
3. A
4. G
5. L
6. B
7. F
8. D
9. K
10. I
11. E
12. H

57

1. F
2. I
3. D
4. G
5. J
6. K
7. C
8. L
9. A
10. B
11. E
12. H

58

1. F
2. C
3. A
4. J
5. I
6. H
7. E
8. G
9. B
10. D
11. L
12. K

59

1. B
2. D
3. K
4. J
5. C
6. F
7. E
8. I
9. H
10. G
11. L
12. A

60

1. B
2. H
3. C
4. G
5. I
6. E
7. L
8. F
9. J
10. D
11. A
12. K

www.ingramcontent.com/pod-product-compliance
Lightning Source LLC
LaVergne TN
LVHW081335060426
835513LV00014B/1295